お金の常識を知らないまま社会人になってしまった人へ

大江英樹

PHP

はじめに

この本は**お金儲けの本でもなければ、節約指南の本でもありません。**そういうことを書いた本は世の中にたくさんありますので、手っ取り早くノウハウを知りたければ、そういう本を買うのがよいでしょう。でもはっきり言って、そういう類の本は、大抵何の役にも立ちません。

この本の目標は**お金の増やし方、使い方を自分の頭で考えられるようになること**です。

そのために、この本ではお金の本質、そもそもお金というものに対する向き合い方をどう考えればいいかについて、その原理原則を書いています。具体的には、お金を「ふやす」「そなえる」「つかう」といったごくシンプルな要素の中に潜むお金の原理原則について、知っておくべきことが20の項目として出てきます。

おそらく、この本を手に取ってくださった読者のみなさんは、心のどこかでこんな風に思っているのではないでしょうか。

「お金のこと、そろそろ真剣に考えないと……」
「お金が大切なのはわかっているけど、何から手をつけていいかわからない！」

私は長年にわたって金融機関で仕事をしてきましたので、このような悩みの相談を数多く受けてきました。また、それと同時にたくさんのお金持ちの人たち、それも親からの遺産ではなく、自分の力で莫大な財産を築いた人たちの思考や行動を数多く見てきました。

その結果、わかったことがあります。それは**「お金の増やし方、使い方を自分の頭で考えられる」ことが、将来大きな差になっていくということ**です。

自分の力で莫大な財産を築いたお金持ちの人たちは、全員「自分の人生を自分の頭で考え、自分で実行してきた人たちばかり」でした。誰1人として、お金儲けのノウハウ本などを読んでいる人はいませんでした。一方、お金に困っている、悩んでいるといった人の多くは、流行の投資方法であったり、知り合いに聞いたノウハウを試してみたりといった、お金について「自分の頭で考えていない」人たちがほとんどでした。

考えてみればあたり前ですが、お金に関する最適解というのは一律ではなく、時代や経済の環境、そしてその人の置かれている状況によってすべて異なります。したがって、ノウハウを学ぶよりも考え方を学ぶ方がはるかに重要です。

特に、そのたくさんのお金持ちの人たちの思考や行動を見ていると、共通点がいくつも見えてきました。とはいっても、すべて「あたり前のこと」ばかりです。私もそんな人たちを間近で見ながら、自身の行動を考えるうえで参考にさせてもらい、資産形成に役立てたこともありました。この本では、**私自身が体験し、かつそうした多くの成功した人たちを見てきて感じた思考や行動のポイントとなることをまとめました。**

また、本書では私の他に、2人の登場人物が出てきます。彼らはお金について何となく不安で、でも知識もなくて、でも幸せな人生を送りたいと考えています。いわば、読者のみなさんの分身です。だから彼らは、素朴に思ったこと、考えたことを私にぶつけてきます。中には手ごわい質問もいくつかありましたが、私なりに考え、そうした意見にも丁寧に、わかりやすく答えてみました。おそらく、みなさんにとっても、身近で有益なポイントが詰まっているだろうと思います。

読んでいくうちに、みなさんは**目からウロコという感覚を覚えるに違いありません。それほど世の中には間違ったお金の常識があふれているからです。**この本を読んでいくことでそういった間違った常識に流されることなく、みなさんが自分自身の頭でしっかりとお金のことを考えていけるようになることを願っています。

登 場 人 物 紹 介

大江先生

金融機関に長年務め、累計40万人以上に「お金の正しい知識」を教えてきた人物。どんなに難しいお金の話もわかりやすく説明する語り口に定評がある。今回は、ケンジとマユミに「お金の原理原則」を教えるためにやってきた。趣味は京都研究。

ケンジ

仕事は熱心、勉強の意欲もあるが貯金はほぼなし。周りがお金の話をし始めたので、自分も何か始めなければと内心焦っている。基本的にはやや天然気味だが、素朴なだけに時たま鋭い質問もしてくる。趣味はフットサル。

マユミ

仕事はテキパキそつなくこなし、周囲からも一目置かれている。入社当時から定期的に貯金はしているが、どう運用していいか今イチわからない。頭の回転は速く、自分の意見が周囲と異なってもはっきり言うタイプ。趣味は飼っている文鳥と戯れること。

お金の常識を知らないまま社会人になってしまった人へ

CONTENTS

第2章 ふやす章

第3章 そなえる章

第4章 つかう章

第1章 はじめの章

日本人はお金を貯めすぎ?

かわいい「お金」には旅をさせよ?

お金より大切なものがある?

機会費用って何?

お金の「本質」とは?

「投資」の前に考えることって?

「はじめに」でお伝えしたように、この本の目標は、

「お金の増やし方、使い方を自分の頭で考えられるようになる」

ことです。そのためには、まずお金に関する身近な疑問について考え、わかりやすく整理して、正しい感覚と知識を持つ必要があります。

本書は、全体としては4つの章に分かれています。

【第1章】はじめの章　お金というものが持っている本質的な意味を考える

【第2章】ふやす章　貯蓄や投資など、お金を増やすことを考える

【第3章】そなえる章　将来起こるリスクに備えるための保険や年金を考える
【第4章】つかう章　消費やローンなど、お金の使い方を考える

いずれの項目も、お金の知識や資産運用に関する技術以前に、基本的なお金に対する考え方や原理原則について知っておくべき事柄を並べています。知識はこれからいくらでも勉強する機会がありますが、お金に関する原理原則は、あまり教わる機会がないからです。しかし、それを知っている人と知らない人の差は、時間が経過するほどに大きくなります。

そこでこの「はじめの章」では、まずは4つの視点から「お金っていったいどういうものなんだろう？」ということについて、考えてみたいと思います。

お金の原理原則①

お金の本質は「信用」

「お金は信用で成り立っている」の2つの意味

普段、我々が生活していく中で普通に使っている「お金」。お金はできればたくさん欲しいし、ないと生活していけないとても大切なものです。ところがお金はあまりにも我々の生活の中に入り込み過ぎてしまっているために、あらためて「お金の持つ意味」とか「お金の本質は」と聞かれると、ひと言でシンプルには答えにくいものです。お金って一体どういうものなのでしょう?

結論から言うと**お金の本質は「信用」**です。ただし、「信用」と言っても2つの重要な意味があります。1つ目の意味は**「お金はみんなの信用で成り立っている」**ということ。そして2つ目の意味は**「お金は信用の対価である」**ということです。1つひとつ具体的に考えていきましょう。

そもそも人類が生まれてから長い間、お金というものはありませんでした。原始社会においては、自分や一族が食べるために狩猟、採集そして栽培する自給自足の暮らしをしていたわけです。ところが生活範囲が広がり、他の一族や部族と共存するようになると、余剰な生産物をお互いに交換して自分たちが持っていないものを手に入れる、物々交換が始まりました。つまり「品物」という価値を持ったものの交換です。ところがそうした限られた地域だけの物々交換では、必ずしも欲しいものが手に入らないことがありますから、必然的に交易の範囲は広がっていきます。交易範囲が広がることで規模が拡大していくと、実際にモノ同士を交換するだけでは、不便な場合が生じてきます。そこで考えられたのが通貨＝お金なのです。

要するに**お金＝通貨は、モノやサービスという価値を交換するために考え出された手段である**ということです。さて、ここからが本題です。お金が「価値を交換するために考え出された手段」ということであれば、誰もがその手段が有効である（＝価値がある）と認めなければなりません。具体的に言えば、我々が使っているお金、たとえば千円札は、言わばただの紙切れです。でも少なくとも日本国内であればどこへ持っていっても、千円札を持っていれば１０００円分の品物やサービスを買うことができます。とは言え、おそらく千円札一枚の製造原価は十数円ぐらいでしょう。だとすればどうして千円札に１０００円の価値があるのでしょうか？

お金の本質は信用

❶お金はみんなの信用で成り立っている

日　本

とある奥地の村

➡お金は誰もが同じ価値があると認めた信用が前提

❷お金は信用の対価である

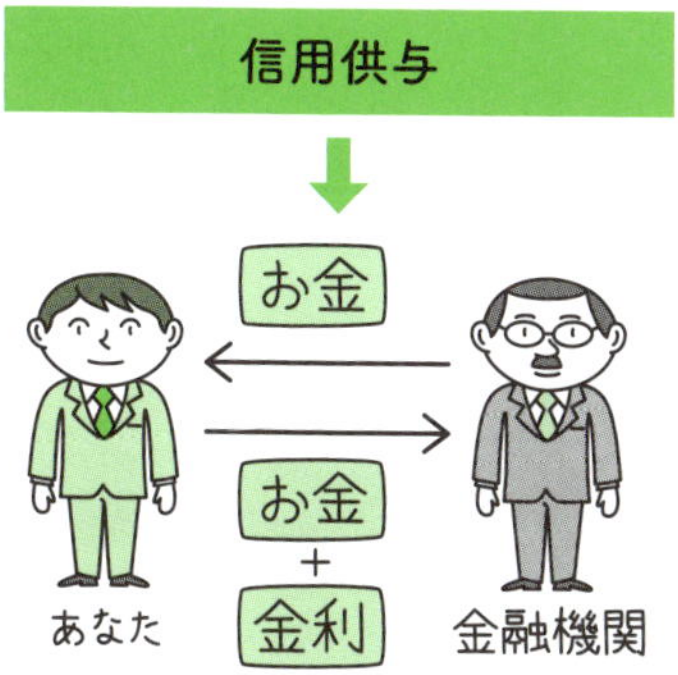

あなたの信用度が低い場合

⇒金利は高くなる

あなたの信用度が高い場合

⇒金利は低くなる

➡あなたの信用度はお金に換算できる

それは誰もが千円札に1000円分の価値があると認めているからです。すなわち、**みんなが千円札の価値を信用しているから**なのです。「お金はみんなの信用で成り立っている」というのはこういうことです。もしあなたがある遠い国の奥地の村で千円札を出しても、おそらくは誰もそんなものに価値を見出さないでしょう。それはその地域で日本の千円札に対する信用がないからです。逆にその奥地の村で通用している通貨を日本に持ってきても、買い物をすることはできません。それは誰もそういう通貨を知らないからです。つまり、**お金（＝通貨）は誰もが同じ価値があると認めた信用の上に成り立っている制度**なのです。

現在世界で最も通用している通貨は米ドルですが、実を言えばかつて米ドルはいつでもお札の券面に書いている金額と同じ額の「金＝ゴールド」に交換することが保証されていました。これを兌換《だかん》紙幣と言います。これなら紙幣自体が金への交換券と同じですから価値は一定に保たれていたわけです。ところが現在は金の裏付けがありませんから、もしお札に信用がなくなってしまったら、その国の経済は崩壊します。日銀をはじめ、各国の中央銀行が「通貨の番人」と言われ、自国の通貨の価値が大幅に下落することのないようコントロールしているのはこのためです。

あなたの「信用」はお金に換算できる

さらにお金の持つもう1つの意味を考えてみましょう。それは**「お金は信用の対価である」**というものでしたね。普通、あなたが会社で働いたら給料をもらうことができます。これは「労働」という商品を会社に売って会社からお金を受け取る行為です。これは前述した価値の交換です。ところがカードローンでお金を借りたり、住宅ローンを組んだりすることでお金を得るのはどう考えればいいでしょう?

結論から言えば、これはあなたが「信用」を与えられているということなのです。お金を貸すことを別の言葉で言えば**「信用供与」**と言います。まさにお金を借りる=信用ということがこの言葉からもわかりますね。交換であれば、実際のサービスや製品と引き換えることになりますが、お金を借りるというのは一方的にお金が渡るだけです。もちろんその対価として金利は支払わなければなりません。金利というのは言わば一定期間お金を使うことに対する使用料のようなものですから。さらに言えば、お金の貸し借りというのは、物との交換ではなく、「時間との交換」なのです。たとえば12万円のパソコンを買おうと思い立ちます。ところが今、それだけのお金がありません。これから毎月1万円ずつお金を貯めていけば1年後に買うことはできます。でも今すぐにどうしても欲しければお金を借りて買うこともできます。その場合は1年間という時間を買うことになります。

ここで1つ重要な問題があります。それは、お金を貸す立場からすると「仮にお金を貸しても、1年後にちゃんと返してくれるだろうか？」という不安があるということです。その**不安の大きさを表したものが信用度なのです。**あまりにも信用度が低いとお金を貸してくれませんし、仮に貸してくれたとしても非常に高い金利を求められます。

そしてさらにこれはお金の貸し借りだけではありません。**信用度は仕事にも影響してきます。**どんな職業であれ、強い責任感と高い能力を持つ人のところには仕事が来ます。自営業であればそれは即、収入増加につながりますし、サラリーマンでも結果としては高い評価を得て昇格、昇給につながることになります。ことほど左様にお金と信用というのは切り離すことができない関係だと言っていいでしょう。

「お金が信用の対価」であるというのはこういう意味なのです。したがって、**あなたの能力、信用度は間違いなくお金に換算することができます。**

こう言うと、「いや、なんでもかんでもお金に換算するのは間違いだ」と思う人もいるでしょう。それはその通りです。世の中にはお金に換算できないものもあります。しかしながら一方では確実にお金に換算できるものも存在します。その仕組みと意味を正しく理解しておかないと、きっとあなたはお金で失敗したり、損をしたりすることになります。お金の本質は「信用」であるということを、まずしっかりと頭の中に入れておいてください。

お金の原理原則②

かわいい子には旅をさせよ

日本人はお金を手元に置くのが大好き

お金の話をする前に、そもそも日本人というのは一体どれくらいお金を持っているか、皆さんはきちんと知っているでしょうか?

よく話題に出てくるのが日本の**個人金融資産**という数字です。日銀が発表している「資金循環統計」というデータの中に「家計」という項目があり、一般的にはここで示された数字が日本人全体の個人金融資産とされています。2016年12月末時点では約1800兆円となっており、この数字自体も驚きなのですが、もっと驚くのは、このうち「現預金」が約937兆円となっており、半分以上を占めていることです。さらにそのうち、「現金」という項目を見ると約83兆円にもなっています。

つまり、「**日本人はお金を手元に置いておくのが大好き**」ということです。もちろん、これは統計の取り方にもよりますから、日本人がいわゆる「タンス預金」として持っている現金が全部で約83兆円というわけではないと思いますが、それにしてもかなり大きな金額です。日本で最大の時価総額を誇るトヨタ自動車が約20兆円ですからその4倍の規模の金額です。日本人はそれだけの現金を手元に持っているということになります。

お金は貯めておくだけだと、むしろ減るかもしれない？

でも、お金は手元に置いておくだけでは決して増えることはありません。いや、むしろ**どんどん減っていくと考えた方が正解**です。減ると言ってもお金を使って減るわけではありません。何もしなくてもどんどんお金は減っていくのです。

この理由は物価の上昇です。現在１００円で買えるものが1年後、仮に１２０円になるとしましょう。手元に置いてある現金の１００円は手元にある限り、いつまで経っても１００円のままですから、１２０円の品物はもう買えなくなります。このように世の中の物価全体が仮に2割上昇したとしたら、何もしないで持っていたお金の価値は2割減ることになります。そう、何もしなければお金は減っていくのです。**このように物価が上昇していくことを「インフレ」**と言います。

ところが、この十数年はデフレの時代が続いていました。**「デフレ」というのはインフレとは逆に物価が上がらないか、むしろ下がる状況**を言います。デフレの時代においては逆にお金の値打ちがあがりました。つまりお金のままで手元に置いておけば価値が高くなったわけですからお金のままで持っておくのは合理的な行動だったと言っていいかもしれません。でもデフレというのは決してよいことではありません。

物価が上がらないということは物があまり売れていないということですから、企業にとっても収益が増えないということです。企業が儲からなければ給料も増えません。その結果、人々は節約に走り、ますます物が売れなくなる、という悪循環に陥ります。逆に言えば、そうやって**みんながお金を手元におくようになってしまったから、世の中にお金があまり回らなくなり、いつまで経っても景気がよくならない**とも言えます。

お金は「社会の血液」である

お金というのは人間の体に例えると血液です。体は脳、心臓、肝臓、胃といった臓器から成り立っており、それぞれ重要な役割を果たしていますが、どの臓器にも共通すること、それは血液が行かなくなってしまうとその機能が死んでしまうということです。経済社会でも同じです。製造業や運輸業、サービス業等々、さまざまな産業がありますが、お金が回らなくなってしまった会社は必ず倒産します。

ということは、お金を現金のまま家にずっと置いておく人が増えれば、間違いなく経済活動は停滞し、結果として、自営業であれば売り上げ、サラリーマンであれば給料といった、「経済活動から生み出される利益の恩恵」にあずかることもできなくなってしまいます。言わば負のスパイラルに陥ってしまうということになるのです。

これを防ぐためには積極的にお金を世の中に回していくことが大切です。具体的に言えば、消費をする、投資を行う、といった行動です。無駄遣いしてはいけませんが、必要なものはどんどん買うべきです。**あなたが買い物をすれば、そのお金が世の中に回って経済が活発になり、いずれは自分のところにもお金が戻ってくることになります。**また後程詳しくお話ししますが、投資をするというのは決してバクチのようなものではなく、世の中の経済活動に必要なお金を提供することで成長を促し、結果として自分にもその恩恵が戻ってくるということなのです。

インフレとデフレ

インフレーション＝物価が上昇していく状況

➡実質的なお金の価値は下がっている

デフレーション＝物価が下落していく状況

➡実質的なお金の価値は上がっている

自分のためではなく、人のためにお金を使おう

ここまで、世の中にお金を回すということは、経済社会全体にとってプラスになるということをお話ししてきましたが、実は個人にとっても「お金を世の中に回す」ことは大いにプラスになることなのです。よく若い人は「自分への投資」をするべきだと言われますが、私は**「人のためにお金を使うこと」を優先すべき**だと思います。

「人のためにお金を使うこと」は、広い意味では、投資や消費のように世の中にお金を回すことですし、狭い意味では、誰か人のために役に立つことをしてあげるということです。「人のために何かをしてあげる」というのは金銭的価値のあることですから、それは、人のためにお金を使っているのだ、と言い換えてもいいのです。ビジネスは「ギブアンドテイク」だと言います。私は最終的には「ギブアンドテイク」にはなるものの、**初めは「ギブファースト」の考え方が正しい**と思います。まず相手に対して何か役に立つことをしてあげる、場合によってはご馳走してあげたりしてお金を使う、そういうことをすることが大切だと思うのです。

そんなきれいごとを言って、世の中それほど甘くないよ、と思う人がいるかもしれません。私自身も若い頃には、「人のためにお金を使う」などということはこれっぽっちも考えていませんでした。ところがずっとサラリーマンをやってきて60歳で起業してみると、人のためにお金を使う、世の中にお金を回すことがいかに最終的には自分にとってプラスになるかを実感したのです。

これについては本文で後程詳しく述べますが、**自分が仕事をする上で本当に大切なのは人脈です。**つまり、自営業なら人とのつながりが自分に仕事をもたらしてくれるし、サラリーマンであれば人脈が仕事をスムーズに進めてくれるのです。人のためにお金を使うということは巡り巡って、必ず自分のところに戻ってくるということを知っておくべきだと思います。

自分のお金は大切だし、かわいいものでしょう。だからこそ成長を願ってかわいい子には旅をさせるべきなのです。

お金の原理原則③

お金に働かせる前に自分が働くべし

なぜなら元手が少ないと…
大きくなれ 大きくなれ
結果もそれほど大きくならない
稼ぐ力を身につければ将来安心だ!
先生がこれ作ったの?

"お金に働かせましょう"といういかがわしさ

お金に関する原理原則の3つ目は、どうやってお金を稼ぐかということです。「どうやって、ってお金を稼ぐには働くしかないでしょ」と思った人は、極めてまともな考え方の持ち主だと言っていいでしょう。ところが最近では、**「これからはお金に働かせる時代です」と言って、投資を勧誘する風潮が強くなってきています。**これは株式投資や投資信託といった有価証券だけではなく、土地活用や不動産投資、はては金や絵画といった商品に至るまで共通しています。特に2012年以降、アベノミクスによる株式の上昇相場が始まった頃からこの傾向が強く出てきているように思います。

私は投資自体、悪いことだとはまったく思っていません。前項でもお話ししたように、投資は言わば人のためにお金を使うという行為なので大いにやるべきだと述べています。ただ、問題はそのやり方です。人のお金を預かって投資による運用を行うプロの運用者であるならいざ知らず、**普通の生活者が日常生活の中で投資活動を中心に暮らすということはあり得ません。**また投資による利益が最大の生活の糧《かて》というのもきわめて不健全です。投資に関して、楽をして儲けようという考え方があるとすればそれは明らかに間違いと言えるでしょう。

しかしながら、投資に関するさまざまな業者はいずれも、「年金はもらえなくなる」とか「低金利のまま、投資しないでいると生活は破たんする」といった間違ったことを声高に唱えて投資へ引き込もうとします。そういう文脈の中で使われる「お金に働かせましょう」という言葉に、私は言いようのない〝いかがわしさ〟を感じます。そういう業者の間違った言葉には惑わされないようにすることが大切なのですが、そのためにはお金を稼ぐ根本的な考え方としてどうしても知っておくべきことがあります。それが**「人的資本」**という考え方です。

人的資本こそ何より大事

人的資本とはどういう意味なのでしょうか。「資本」という言葉の意味は、「事業を行うための元手」ということです。すなわち稼ぐための元になるもの、と理解できます。したがって、人的資本というのは**「人が働いて稼ぐ力」**と考えればいいでしょう。

言うまでもなく、人生においてはこの「人的資本」が稼ぐための基本になります。サラリーマンであれば学校を出てから定年を迎えるまで、ほぼ40年近くを働いて稼ぐ期間として過ごすことになります。自営業やフリーランスの人にとっても、「働く」ことが人生において最大の収入をもたらすことであることは言うまでもありません。よく**若いうちはリスクを取れるのだから積極的に投資すべきだという声を聞きますが、私は、それは明らかに間違いだと思います。**若いうちから投資を始める、できるだけ早くから投資を始めるということには賛成しますが、若いうちはあまり熱心に投資をやるべきではありません。

なぜなら、そもそも投資するための資金が少ないからです。若い人の場合、投資に回せるような余裕資金というのはそれほどないはずです。仮に100万円ぐらいのお金を持っていたとしましょう。それでも投資で稼げるお金は知れています。5%の利益が出ても5万円、かなりリスクの高い運用をして10%の収益が上がってもわずか10万円です。それだけの利益を上げるために時間をとって勉強し、投資に集中してやるのではまったく間尺に合わないでしょう。それよりも**仕事を一生懸命にやって毎年の給料が上**

がるほうがよほど確実にリターンは大きくなると思います。

投資を真剣に考えるべきはむしろ高齢者

むしろ、投資を真剣に考え、「お金に働かせましょう」と考えるべきなのは年齢の高い人の方です。なぜなら彼らは人的資本が少ないからです。たとえば20歳の若者であれば、60歳まで働いたとして、40年間働くことができます。最近のベストセラーであるリンダ・グラットン氏の『ライフ・シフト』によれば、今後は人生100年時代に突入するということですから、60歳ではなく70歳、場合によっては80歳まで働くこともあり得るでしょう。つまり**働く期間が長く取れるということは、それだけ人的資本が大きいということを示しています。**

これに対して60歳で定年を迎えた人は、もしその時点で一切働くのをやめてしまうと人的資本はゼロです。そこからの生活はそれまでに払い込んだ保険料という金融資本から得られる年金と、蓄えたお金から生まれる収益しかありません。したがってある程度は資産の運用や活用も考えたほうがいいというわけです。もちろん、だからと言って高

人的資本とは？

人的資本＝人が稼ぐ力

人的資本と金融資産

20代	60代
人的資本 大	人的資本 小
金融資産 小	金融資産 大

⇒投資よりも仕事　⇒仕事プラス投資

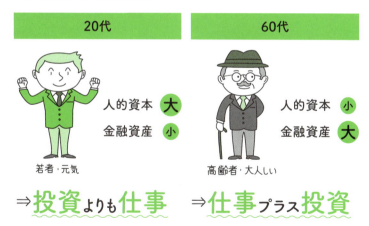

齢者がすべて投資すべきだというわけではありません。**投資の知識も経験もなく資産だけたくさん持っているという状態は、非常に危険です。**金融機関から見ればまさにネギを背負ったカモに近い状況だからです。歳をとった人でも、若いうちから少額でもいいからある程度投資の経験を持った人なら、投資してもいいでしょう。先ほど、若いうちから投資を始めるのは決して悪いことではないと言ったのはそういう意味です。

投資を稼ぎの中心にしてはいけない

また私自身は、**高齢者であれ、収入の中心に投資を据えるのはあくまでも反対です。**多くの場合、運用する原資はそれまでに蓄えてきたお金であったり、退職金でもらったお金だったりするからです。そしてそれらのお金は間違いなく老後の生活を支える一部になります。そんな大切なお金を不確実な投資の成果にさらすのは慎重に考えるべきです。若い人と異なり、高齢者には人的資本が少ない上に持っている時間も少ないですから、「長期投資」すればリスクが少なくなるということにも当てはまりません。しいて言えば将来起こりうるインフレに対応できる程度の運用にとどめておくべきでしょう。

そういう意味では**60歳以降でも元気で働けるのであれば働き続けるほうがよい**ということを私はいつも主張しています。ましてや年齢がまだ若いうちは、仕事を通じて、自分の技術やスキルを高め、どんな状況になっても自分の力で稼げる力を身につけるほうを優先して考えるべきだと思います。

また、私は若い人が投資をしてはいけないと言うつもりもありません。むしろ、先ほども言ったように若いうちから投資を始める、できるだけ早くから投資を始めるということには賛成です。ただその方法はよく考えることが大切です。

後ほど詳しくお話ししますが、若い人の投資は、**決して無理をせずに少額でコツコツと積み立てをしながらやっていくのが一番よい**と思います。会社のトイレに駆け込んでスマホで株価をチェックしながら日々の価格に一喜一憂しているようでは、きっと仕事に集中することができないでしょう。そういう投資の方法はあまりよいとは言えません。お金に働かせるよりも、まずは自分が働いて稼ぐことから考えるべきだということです。

お金の原理原則④

お金以上に大切な「時間」というもの

この世で一番大切なものは？

あなたはこの世で一番大切なものは何だと思いますか。家族、恋人、友達、言うまでもなく自分にとって大切な人がおそらくそれにあたるでしょうね。では次に大事なものは？　健康、お金、生きがい、これもさまざまなものが挙げられます。まさにこの辺りは個人の人生観に基づくものですから、これが絶対というものはありません。

ただ、もしあなたが**何よりも大切なものは「お金」だと思っているとしたら、それは間違いです。**これは別にきれいごとを言っているわけではなく、経済的なことを考えると**お金以上に大切なものがあるのです。それは「時間」です。**古今東西、お金持ちになった人に共通することは、「時間」の大切さをよく理解しているということです。

「時は金なり」という諺《ことわざ》がありますが、多くの人はこの諺を単に、「時間には限りがあるのだから、それを大事にしなさい」という意味にしか理解していないと思います。もちろん時間は限りのある資源ですから、大切にしなければならないというのはその通りです。でも本当の意味は少し違います。

元々、この言葉は、昔のアメリカの政治家、科学者であるベンジャミン・フランクリンという人の言葉です。彼の言ったことを現代風に要約すればこういうことです。「もし一日働いて1万円の報酬を得ることができる人が半日休んで映画を見に行ったとすれば、映画代の1800円を使っただけではなく、半日分の報酬5000円も失うことになる」。これは経済学では**「機会費用」**という考え方です。つまり半日という時間には5000円の価値があるということを強調しているのです。その5000円の報酬を捨てて、他のことをやってもそれ以上に価値があるかどうかを考えなさいということなのです。

時間をお金に換算する感覚を身につけよう

つまり時間というのはお金とほぼ同等の価値がある。しかもお金は使うだけではなく、貯めることも増やすこともできますが、時間は使うだけで貯めることも増やすこともできません。だから考えようによっては**お金以上に大切なものが時間**だということなのです。実際に私が長年働いてきた金融の世界では、しばしば時間がお金に換算されます。最もわかりやすいのは、「金利」です。金利というのはお金を借りた場合に払うもの、言わば人のお金を借りた時の使用料と考えていいわけですが、その金利の水準を決める要因のうちの1つが「時間」なのです。

たとえば、あなたが今、お金がないにもかかわらず15万円の大画面テレビを買いたい場合、お金を借りて買うしかありません。そしてその借り方ですが、1年後に返す約束でお金を借りる場合と5年後に返す約束で借りた場合、当然長い期間借りた方が金利は多く払わなければなりません。これはつまり**時間がお金に換算されている**ということなのです。

機会費用とは？

お金以上に大切なものとは？

ベンジャミン・フランクリン
（1706～1790）

「時は金なり」
（Time is money.）

➡ある意味お金以上に
大切なのが**時間**

機会費用＝別の選択をすることで得られた利益

会社で1日働く（1万円）	半日、映画を見る

➡半日という時間には5,000円の価値がある

実はこの**「時間をお金に換算する」という原理がわかっていないと損をする場合も出てきます。**たとえば、個人年金保険という商品がありますが、「戻り率が115％」といった説明を受ける場合があります。預けたお金が15％も増えるのであれば、とても利回りがよいと感じるかもしれませんが、これは35年とか40年後に戻ってくる金額です。その期間お金を置いておいた対価として戻ってくるのがわずか15％しかないということであれば実際の年当たりの利回りは1％をはるかに下回ります。

若い人こそアドバンテージがある

このように**時間をお金に換算するという感覚を持つことはとても大事です。**ということは逆に言えば、時間をたくさん持っている人はお金をたくさん持っている人よりも大きなアドバンテージがあるということになります。前項で「人的資本」についてのお話をしましたが、人的資本の多いか少ないかを決める最大の要素が時間なのです。すなわちたくさん時間を持っている若い人だからこそ、持っている人的資本が多いということであり、それはすなわち今後多くのお金を稼げる可能性が高いということなのです。だからこそ、お金に関する原理原則、正しい理解を持ってほしいのです。それが生涯を通

若い人が持つアドバンテージ

時間をお金に換算する感覚を持とう

じてお金を増やしていくことにつながるからです。

さて、ここまで「お金」に関する、非常に基本的なことをお話ししてきました。これらを頭の中に入れた上で、いよいよ次章からは、具体的なお金に関して知っておくべき大切なことをお話ししていきましょう。

第2章
ふやす章

お金の「貯め方」のルールとは？

やってはいけないお金の増やし方は？

投資と投機の違いって？

投資の種類が知りたい！

リスク許容度って何？

世の中にうまい話はない!?

ここからは、私の話とそれに対する若いみなさんの素朴な疑問にお答えするという形式で進めていきます。まずこの章では貯蓄や投資といったお金を「ふやす」ことに焦点を当てていきましょう。ただし、お金を増やすといっても蓄財法や儲けるノウハウを紹介するわけではありません。世の中にはそんな方法を書いた本はたくさんありますが、実はそれらはほとんど役に立たないものばかりです。

なぜ役に立たないのでしょう。はじめにでもお話ししましたが、それはお金を増やすための技術論に偏っているからです。さらに言えば、それらの多くはその著者が実際に経験した「儲け体験」を綴っているに過ぎないからです。

ところがお金を増やす方法はさまざまです。経済環境によって、ある局面では正しいことが、別の局面ではうまく機能しないといったことがたくさんあります。大切なことは原理原則を知り、どんな状況になっても自分の頭で判断して、その時における、そして自分にとって最適な方法を考えることです。

この章では、そうしたお金を増やすために基本的に知っておくべき心構えや姿勢を紹介します。あくまでも原理原則だけの紹介です。

ただ、中でも絶対に正しい2つのことは、

・先のことは誰もわからない
・世の中にうまい話はない

ということです。この基本的な心構えを知っているだけで、お金を増やそうとしてやってしまう失敗の多くを防ぐことができるでしょう。

では、お金を増やすために必要な4つの原理原則、しっかり読んでください。

お金の原理原則⑤

たった1つだけ！お金の貯め方のルール

貯金の基本は
無意識のうちに
貯めること！
寝ている間に
貯まっちゃった！
みたいな…
給与天引きだと
人は貯金していることを
忘れてしまう
この効果を
「心の会計」という
給与
貯金

うひょ〜っ
でもこれには
悪い点もある
クレジットカードで
ついつい浪費して
しまうのもこのせいだ
これくらいカードで
大丈夫だろう〜
先生みたい
高価なスーツ

心の会計と
正しく
つきあおう！
えっ！
これだけ!?
BANK

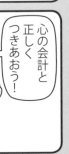

「給与天引き」が最強の貯金術

よく、雑誌の記事などで、「なかなかお金の貯まらない人にありがちな行動」だとか、「こうすればお金が貯まる法則」みたいな記事を見かけることがあります。中には財布の色がどうとか、お金の向きを揃《そろ》えよう、とか私から見るとどう考えてもオカルトにしか思えないような珍説もあります。もしかしたら、それなりに心理的な効果はあるのかもしれませんが、実質的にはほとんど意味のないことばかりです。

お金を貯める方法はただ1つしかありません。**サラリーマンがお金を貯める唯一の方法、それは「給与天引き」です。**もし勤め先にそういう制度がない場合、自分の給料が振り込まれる銀行口座から振り込み日には自動的に引き落とされる積立預金をするのがよいでしょう。

実は、**人間の脳の仕組みというのは本質的に貯金ができにくいようになっているの**です。そもそも、貯金というのは今あるお金を使うことを我慢して将来のために残しておく行動です。ところが人間は、先の楽しみのために、今の楽しみを我慢しておくというのが本来はとても苦手です。経済学に**「時間割引率」**という概念があります。時間割引率の高い人、という言い方をしますが、これは遠い将来の価値よりも現在の価値の方を高く見積もりがちな心理です。つまりせっかち度を表しており、この時間割引率の高い人ほど、貯蓄ができにくいという傾向があるのです。たとえば小学校の夏休み、先に嫌な宿題を済ませてしまうか、最初に遊び呆けて最後の一週間で慌ててやるか。時間割引率の高い人というのは後者です。

人間は多かれ少なかれ、この時間割引率の影響を受けます。いくら将来が大切だとか、老後の備えは必要だと力説されても、理屈ではわかるものの実際にその通りに行動することはなかなかできません。これは程度の差こそあれ、多くの人に共通する傾向です。

だとすれば、お金を貯めるには、何らかの形で強制的にお金を分けて見えなくしておくしか方法はないのです。**「お金を見えなくしておく」ということはとても重要です。**

面白いことに天引きされたお金は心の中では別の勘定に仕訳されてしまい、かつそれは

どうしてお金が貯められないのか？

時間割引率

将来の価値 ＜ 現在の価値

人間は将来の価値より
現在の価値を
高く見積もる

将来の価値と現在の価値を比べたとき、
どれくらい将来の価値を割り引いて考えるのかを表した率

⇒時間割引率

時間割引率に左右されない貯金術

心の会計（メンタル・アカウンティング）を利用して
お金を見えなくするしかない！

給与天引き	自動引き落とし

➡知らないうちにお金が貯まっている！

忘れてしまいます。（これをメンタル・アカウンティング＝心の会計）と言います。結果として最初からないものという認識で別の会計勘定で積み立てられていき、気が付いたら思いがけない金額が貯まっていたということになるのが「給与天引き」、または「自動引き落とし」の面白いところなのです。

投資も天引き・積み立てがベスト！

また、たとえば手取り20万円の給料で生活している人が、2万円を給与天引きで貯金し、残りの18万円で生活をするとします。最初は少し窮屈に感じるかもしれませんが、そのうちに慣れてきます。逆の場合も同じです。人間というのは意外と順応性が高いので、次第にそのレベルに合わせた生活に落ち着いていくものです。**「余ったら貯蓄しよう」というのは実際にはかなり難しいことなのです。**また、昇給があった場合はその分を上乗せして給与天引きに回せば、さらに増えていくことでしょう。

また、投資じゃなくて貯蓄でいいのか？　という疑問があります。私は貯蓄でも構わないと思います。というよりも**一定金額までは価格の変動を伴う投資ではなく、貯蓄で**

続けていくべきです。ある程度お金が貯まってきたら、そこから先は毎月の給与天引きの中でいくらかの金額を投資に回せばいいのです。

実を言うと、投資の場合もまとまったお金を一度に投資するよりも毎月一定額をコツコツと積み立てながら、そのお金で投資をした方がいい場合が多いのです。特に投資を始めてまだ間がない人や、日々の仕事が忙しくて価格の変化を常にチェックすることができない人の場合は、天引きされた一定額のお金で毎月継続的に投資をしていく方法がベストです。株式でも投資信託でも、毎月一定金額で購入できるような仕組みが最近はたくさんあります。ある程度余裕ができ、まとまった資金が出来てきたら、給与天引きのうちの一部はこうした積立投資に回すのがいいと思います。

ただ、これから貯蓄を始めようという人はそこまで考える必要はありません。**とにかく「給与天引きでお金を貯めるという習慣を身につける」ところから始めるべき**です。特に若い人は時間がたっぷりあります。資産形成というのは時間が多いほどアドバンテージがありますから、できるだけ早くから給与天引きや銀行自動引き落としによる貯蓄を始めるべきだということを強く言っておきたいと思います。

ケンジ&マユミからの疑問・質問

「給与天引きってそんなに効果があるものなんですね。具体的な金額で言うと、毎月の給料からどれぐらい天引きすればいいんですか？」

「金額で言うのはちょっと難しいね。給料の金額は人それぞれだから。でも具体的な目安としては、**天引き貯蓄を始めてみたら、ちょっと生活が厳しくなったかな、少し窮屈になったかな、というぐらいの金額がベスト**だと思う。

最初に頑張って多額のお金を天引き貯蓄するのもアリだけど、その場合、かなり生活が苦しくなって長続きしなくなるかもしれない。一番大事なのは『続ける』ということだから、少し無理をするぐらいでちょうどいいと思うよ」

「ただ、漠然と給与天引きで積み立てるよりも、何か目標を持ってその金額を達成するようにした方がいいんじゃないですか？」

「お、かなり優等生的な質問だね（笑）。それは君の言う通り、確かに目標を持って積み立てる方がいいかもしれない。でもそういうやり方の場合、1つ問題点がある。それは**目標を達成してしまうと、安心して積み立てを止めてしまわないか**

ということだ。私はむしろ目標達成に向けて貯めるというよりも『天引き貯蓄を続ける』ということの方が大事だと思っている。働いている限り、給料は入ってくるわけだから、会社に居続ける限りは給与天引きも続けていくべきだろうね」

「それと、さっきの話で、積み立てで投資をするよりも先に一定金額までは貯蓄を続けて、それから投資をした方がよいって言ってましたよね。どれぐらい貯まったら投資を始めるのがよいのですか？」

「投資に回すお金というのはすぐに使わなくてもいいお金でやるべきなんだよ。だから何かあった時にそれに回せるお金が十分に貯まってから投資を始めるべきだと思う。具体的に言えばいつでも引き出して使えるお金は**最低でも年収1年分、できれば年収2年分ぐらいを貯蓄として持っておくのがよい**だろうね」

「年収1年分、もしくは2年分……ですか」

「それぐらいあれば万一の事態があっても当面の生活に困ることはない。それぐらいの気持ちの余裕を持って投資を始めた方がいいんだよ。だから、最初のうちは、少し頑張って手取り収入の2～3割程度を天引きで貯蓄し、何年か経ってから始めるのが、いいだろうね。あるいは、もし最初から投資をするなら、ごくわずかな金額で積立を始めることだ。」

「給与天引きで投資といえば、勤め先に「従業員持株会」というのがあって、自社株を毎月給与天引きで購入する制度があるのですが、それもアリですか？」

「私は**従業員持株会はあまりたくさんやるべきではない**と思うよ」

「それはどうしてですか？」

「それは**リスクが集中し過ぎるから**だよ。持株会というのは自分の勤めている会社の株を買うことだよね。ということはつまり自分の会社の株価の変動によって君の資産は増えたり減ったりする。一方、給料も勤めている会社からもらっているわけだ。だとすれば毎月の収入に加えて、資産の増減も会社の業績に左右され

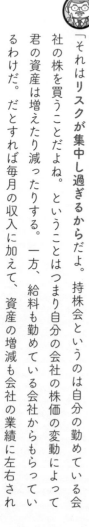

ることになってしまう。これはどう考えてもリスクが高いと思わないかい？」

「言われてみればそうですね。じゃあ持株会は絶対やらない方がいい？」

「まあ、絶対やらない方がいいとまでは言わないが、少なくともあまり多くの金額はやらない方がいいことだけは確かだ。ただ、君の勤めている会社がまだそれほど大きくなくて、**これから成長が期待できるのであれば少しぐらいはやってもいい**と思う。それに多くの場合、会社は従業員の積み立てに5％とか10％の奨励金を付けているから、そういう場合は、無理のない範囲内で少しやっておくのも悪くはない。ただ大企業に勤めているならやらない方が無難だね」

「じゃあ、持株会以外にどんな方法で投資をするのがいいんですか？」

「それはこの後1つずつ詳しく話をしていこう。やり方、具体的な商品、そして投資でやってはいけないこと等についてだ」

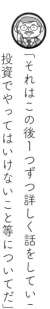

お金の原理原則⑥

できるだけ「早く」「たくさん」儲けたい、という間違い

押さえておきたい投資の3大メリット

「個人にとっての投資のメリットは何ですか？」と聞くと、多くの人は「儲かるから」と答えるでしょう。確かに投資は貯蓄に比べると高い収益を見込むことはできます。でもそれは不確実なものですから、絶対というわけではありません。だから儲けだけを考えて無理に投資にお金をつぎ込むというのは決して賢明なことではありません。あくまでも自分が取れるリスクの範囲内で投資は行うべきです。

私が考える投資のメリット、それは3つあります。1つ目は**「自助努力で資産形成ができること」**、そして2つ目は**「インフレになった時の対応としては投資が有効なこと」**、そして最後が**「投資に関心を持つことで自分の仕事にも役に立つことがあること」**です。

これからの時代、将来への備えを国や会社に頼るだけでは不十分であることは言うまでもありません。現実に国が運営している年金の資産だって、株式や債券に投資して運用されているのですから、自らの老後の備えに投資を活用するのは当然と言ってもいいでしょう。

また、将来インフレになった場合には持っているお金の価値は減少します。これに対応するためにはある程度「投資」を活用する必要があります。**国際的に分散された株式投資を行うことで、バランスのとれた経済成長のメリットを享受することができるから**です。これによってインフレになっても、それほど恐れることはありません。

さらに、投資をするに当たっては、ある程度世の中の動きや経済のことも勉強する必要があります。自分が働いている業界のことだけではなく、経済全般から個別企業の動向まで情報を得ることによって、自分の仕事にとってもプラスになります。

以上、投資をやる上での3つのメリットをお話ししました。投資は絶対にやらなければならないというものではありませんが、このように社会全体だけではなく、個人にとってもメリットのあるものです。貯蓄とのバランスを考えながら、資産運用の中において一部分は投資を活用することも考えた方がよいだろうと思います。

投資と投機はどう違うか

投資を始めた人が陥りがちなワナ、それが「早く」「たくさん」儲けたいと思うことです。実際、書店に行くと、そういう人々の心理をつかむようなタイトルの本がたくさん売られています。「1年で資産を10倍にする方法」とか、「あっという間に1億円儲かった」といった類の本です。そう考えたい気持ちはよくわかります。早く、たくさん儲かればそれに越したことはないでしょう。しかしながら世の中にうまい話はありません。確実に「早く、たくさん」儲かる方法などは存在しないのです。「早く、たくさん」儲けようと思って行動すると、うまくいけばそうなることもある代わりに、逆に「早く、たくさん」損をすることも同じぐらいあるということを覚悟しておく必要があります。これが俗に言う**「ハイリスク・ハイリターン」**なのです。

ただ、「早く、たくさん」儲けようと思った場合に取るべき方法はあります。それは投資ではなく「投機」を行えばいいのです。投資と投機はどちらも利益を得ることを目的に行う行為であることに違いはありません。ただ、そのやり方が違うだけです。**「投**

資」はお金を投じる先の価値が向上することによって利益を得ようとする行為であり、**「投機」はお金を投じる先の価格が変化することによって利益を得ようとする行為**です。

企業価値の向上というのはすぐに実現するのはなかなか難しいものです。企業が成長し、利益が持続し、儲かったお金が蓄積されていって初めてその企業の価値が向上していきます。したがって例外はあるものの、**投資で利益を得ようとした場合、やはり時間がかかるのが普通です。**

一方、投機は価格の変化で利益を得ようということですから価格は日々変わります。上がっても下がってもそれにベットする（賭ける）ことで当たれば利益を得ることはできます。したがって短期間で利益を得ることができる代わりに短期間で損をすることも同じぐらい起こりえます。

また投資というのは先の見えない不確実なものにお金を投じる行為ですから、1つの投資先にすべてのお金を投じるとリスクが大きくなります。必然的にさまざまな投資対象に投じるお金を分散するのが一般的です。でもその場合、上がる株もあれば下がる株もあるわけですから大幅に利益を得ることはなかなか困難です。その代わり投資先の会社の状況が非常に悪化しても他の株でカバーすることが可能ですから大きな損を出すこ

投資と投機の違い

投資＝お金を投じる先の価値が上がる

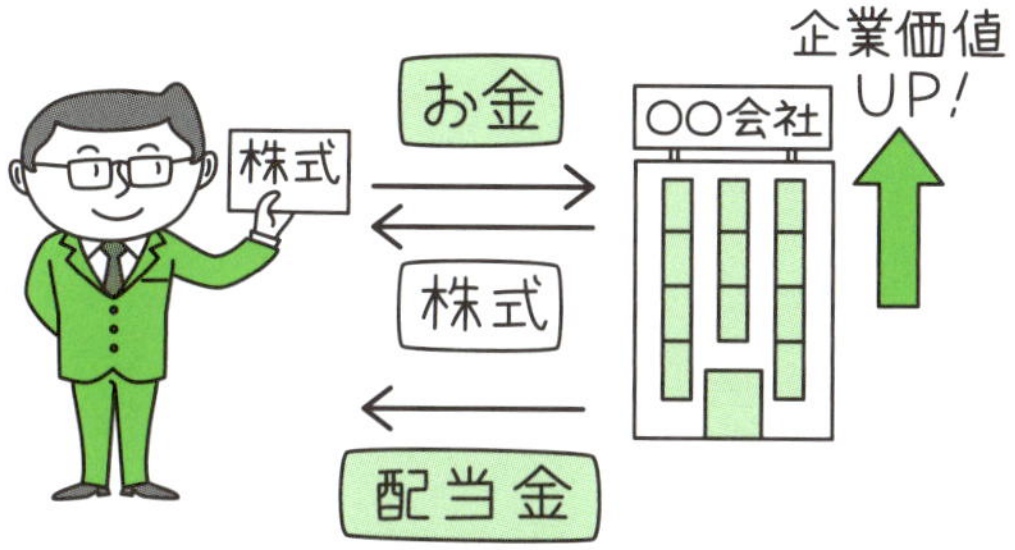

➡ゆっくり、確実に儲けられる可能性が高い

投機＝お金を投じる先の価格が変化する

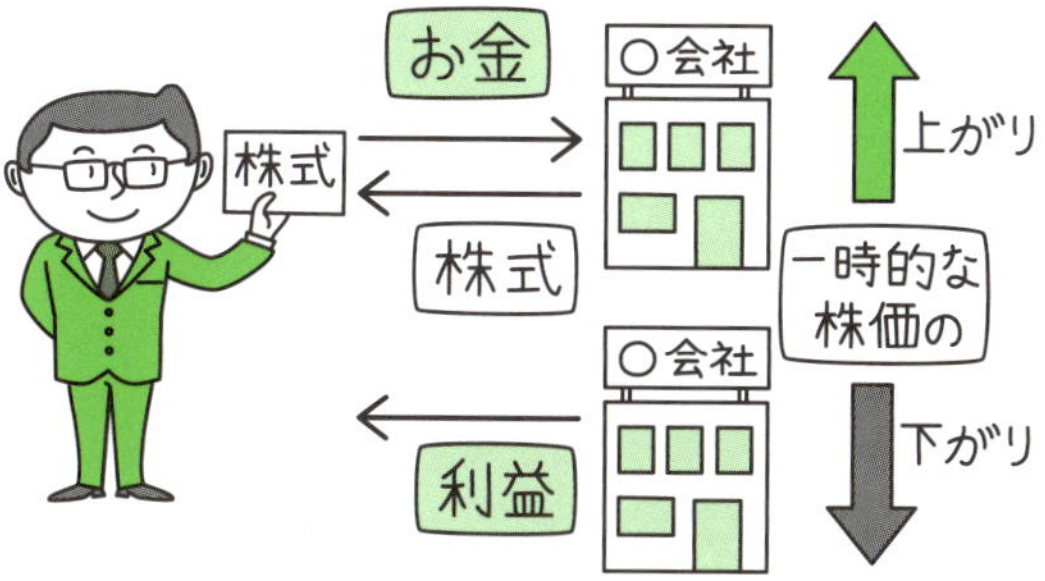

➡早くたくさん儲けられるが、確実ではない

ともありません。これに対して投機の場合はあまり分散するということはせずに集中的にお金を投じるのが普通です。したがって儲かった時は大きい代わりに損した場合も大きいということになるのです。

つまり**「できるだけ早く、たくさん」儲ける方法も存在しますが、最大のネックはそれが確実なものではない**ということです。むしろ長期的にそのような方法を続けていると、最終的には損失の方が大きくなる可能性が高いというのが一般的な傾向です。

Grow Rich Slowlyが投資の大原則

ここまでの話を整理すると、「多くの人は『早く、たくさん』儲けたいと思っているが、それを確実にできる方法は存在しない」ということになります。だとすれば「ゆっくり、少しずつ」儲ける方法を考えた方がよいということになります。それがまさに投資の考え方の基本と言っていいでしょう。

〝Grow Rich Slowly〟という言葉があります。「ゆっくり確実にお金持ちになろう」

という意味です。アメリカの大手証券会社であるメリル・リンチ社が１９９０年代に同じタイトルの本を出版したことがありました。この本はリタイアメントプランの考え方について長期にわたって老後資金を作っていきましょうという趣旨の本です。まさに投資の本質を的確に言い当てた言葉だと言えます。

投資というのは企業価値の向上に賭けるものですから、少しずつ時間をかけてお金を育てていくべきです。ただ、いくら長期的に言っても、「長期的に衰退していく」対象に投資したのでは何もなりません。とは言え、先のことは誰もわからないのですから、**リスクを避けるために1つのものに集中せず、分散投資をする必要があります。**結果的には投機のように「早く、たくさん」儲けることはできませんが、「早く、たくさん」損をすることを防ぐことができるでしょう。

少しずつゆっくりと、そして一番大切な「安全・確実に増やしていける」可能性を高めていくこと、これこそが投資の王道であり、投資の本質ということになります。

ケンジ&マユミからの疑問・質問

「早く、たくさん儲けたいっていうのは誰でも思うことですよねえ。でもそれじゃあダメだということなんですよね」

「そう、人間なら誰でもそう思いたい気持ちはわかるけどね、それがかえって損を大きくすることにつながるということなんだよ。早く、たくさん儲けたいと思って行動すると逆に早く、たくさん損をするっていうことになりかねない」

「そういうことなんですね。僕は「ハイリスク・ハイリターン」の意味を完全に間違えていて、『リスクの高いものはリターンも高い』という意味だと思っていました」

「そう、それはちょっと意味が違うんだよね。そもそも、**リスクというのは利益と損失のブレ幅のこと、つまり儲かるか損するかわからない＝結果が不確実である**ってことなんだ。だから、『ハイリスク・ハイリターン』の意味を『リスクの高いものはリターンも高い』と言ってしまうと、『儲かるか損するかわからないものは儲けが大きい』という訳のわからない日本語になってしまう（笑）。

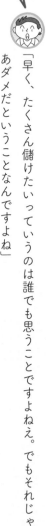

でも本当は『ハイリスク・ハイリターン』の正しい意味は、『高いリターンを求めるとリスクは必ず高くなる』。つまり、『たくさんの儲けを期待すると、その分だけ損した場合の額も大きくなりますよ、不安定ですよ』ということだね。この違いを正しく理解しておくことは投資をする上ではとても大切なことだよ。要するに『リスクを取らずに儲けることはできない』、別な言い方をすると『世の中にうまい話はない』ということなんだから」

「それに、ちょっと驚いたのは『投機は悪、投資は善』というのは必ずしもそういうわけではないということです。投機ってバクチみたいなものだからあまりよいことじゃないと思ってました」

「うん、これはどちらがよいとか悪いとかいうことではないんだ。何か利益を得るために資金を投じる、そのやり方が違うということは言った通りだね。ただ、一体どちらが難しいかと言えば、**「投機」の方がはるかに難しい**。投資の場合は、投資する先の内容を調べたり分析したりすることで今後の成長についてある程度予測することは可能だ。

ところが投機は短期的に価格の変動に賭ける行為だから、そんな短期の動きは誰にも予測できない。それに短期的な価格の動きは取引に参加する人々の心理に大きく影響を受けるから、完璧に読むことはほぼ不可能だ。だから投機は確かに面白い面はあるけれど非常に難しい。**将来に向けて長期的に資産形成を考えていくのであれば、投資をすべきであって、投機は向いていない**ということが言えるだろうね」

「あと、長期的に投機を続けていると最終的には損失の方が大きくなる可能性が高いというお話がありましたよね。でもたとえばサイコロ賭博でも奇数と偶数の確率は5分5分ですよね。長期的に続けていると結局はトントンになるはずなのに損をするというのは一体どうしてですか。手数料分必ず損をするからですか？」

「なるほど、確率論で来たか（笑）。これはいい質問だね。確かに投機では儲かるか損するかはわからないけど、回数を繰り返せば繰り返すほど理論上の確率に限りなく近くなっていく。これは**大数《たいすう》の法則**といって仮に理論上の確率が5分5分だとすれば、儲けも損もなくなるはずだ。これはその通りで正しい。もちろん手

数料分必ず損をするということも合っている。ただ、私が長期的に投機を続けていくと損をする可能性が高いというのはまったく別の理由なんだ」

「えっ……それはどういう理由ですか？」

「これは心理的な理由なんだよ。行動経済学という学問があるんだけど、その中に**プロスペクト理論**というのがある。この理論の骨子のひとつに『人間は本質的に損失回避的である』というのがある。つまり損をするのが嫌いっていうことだね」

「え、でも誰だって損をするのは嫌いでしょう？」

「その通り。だけど問題はあまりにも損をすることが嫌いなために損を避けよう、避けようとして結果的に損が大きくなってしまうということなんだ。つまり、**人間は利益が出ている時は確実性を好み、損が出ている時はその損を先延ばしにしたり、一気に損を失くすために賭けに出たりしたがるという傾向があるんだ**」

「あ、競馬で負け続けている時に大穴を狙うようなものですか?」

「まさにその通り。これを株式投資に置き換えてみよう。たとえば、株を買って値が上がると嬉しいよね。でも同時に不安も出てくる。『このまま売らずに下がってしまったらどうしよう』という不安だ。その結果、利益の出ているうちに早く売ってしまおうとして急ぎ、わずかな利益でも確定することを好む。

ところが今度は逆に下がったらどうなるかというと、損をすることがあまりにも嫌いだから損を先延ばししたくなる。結果、さらに損が膨れ上がってしまう。損をしている株を保有し続けるというのは、ある意味大きな賭けをしているわけだ。まだ損の少ないうちに売ってしまった方がずっと損は少なくて済むのだけど、ずるずると先延ばしすることで損が拡大してしまうということになる」

「確かにそういうことはありがちでしょうね」

「だろう? だとすれば、最終的に結果はどうなると思う? 儲かった時は利益の確定を急いでわずかな利益しか得られない。逆に損をする時は売る決断ができないままにどんどん損が大きくなっていってしまう。結果として少しずつ儲けたものが一度の損で全部吹っ飛んでしまうことになる。**短期的な投機を続けていくと、こういう心理的な面で負けてしまう可能性が高い**ということなんだよ」

「なるほど、よくわかりました。じゃあそういう短期の値動きを捉えて売買して利ざやを稼ごうというのは心理的にも難しいということなんですね」

「そうだね。ほとんどの人はおそらくそういう心理的な罠に陥ってしまうから、投機で儲けるというのはなかなか難しいことだと思うよ」

「結局、投機はやらない方がいいということですね」

「そうだね。投機は別に悪いことではないし、絶対やっちゃいけないとは言わないけど、少なくとも若い人がこれから長期にわたって資産形成をしようというのであれば、投機はやらない方がいいね。あくまでも『ゆっくりと、少しずつ』儲けることを目指した方がよいだろうね」

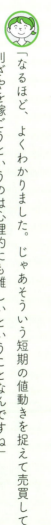

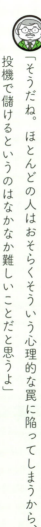

お金の原理原則⑦

はじめての投資の考え方、始め方

まずは投資の種類を知っておこう

さて、ここからはもし投資をするとすればどんな種類のものがよいのか、どうやって始めるのがよいのか、ということについてお話ししていきましょう。

普通の人が投資をするということを考える場合、まず頭に浮かぶのは何でしょうか。おそらく**株式投資**が最もイメージしやすいだろうと思います。少し投資のことを勉強した人なら「いや初心者には**投資信託**が向いている」と言うかもしれません。もしかしたら債券を思い浮かべる人もいるかもしれませんが、さすがに少ないだろうと思います。

株式投資というのは個別の企業の株を買い、配当金や値上がり益を狙うものです。投資信託は不特定多数の人がお金を出して1つの塊（＝ファンド）を作り、そのお金を運用の専門家が株式や債券に投資をして利益を目指すものです。他にはＦＸや金への投資という人も多いでしょうが、これは長期的な資産形成に向いているとは言い難いと思いますので、ここでは取り上げることはしません。

私はこれから投資を始めようと考えている人は、**まず株式投資から始めるのがよい**と思っています。何よりも投資で一番大切なことは自分の頭で考え、判断することですから、投資信託のように人に運用を任せるよりも、投資に対してずっと真剣に向き合うことができるからです。第一、経済や金融の勉強にもなります。

ただ、初めての人が株式投資をするにはいくつかのハードルがあります。まず株式投資をするためにはいくつかの基礎的な知識が必要ですし、ある程度勉強もしなければなりません。日々仕事で忙しい人にはとてもそんな時間の余裕はないでしょう。それに十分な知識を持たずにいきなり株式投資を始めた場合、日々の価格変動に惑わされて、間違った判断をしがちになってしまうというのも人間の心理としては起こりうることです。

そういうわけで、**実際には投資信託から始めてもよい**と思います。前述のように個人的には株式投資の方が「投資の王道」に近いと感じていますが、忙しくて時間のないサラリーマンや、まだあまり十分な金融資産も持っておらず、収入もそれほど多くない若い人が投資を始めるには、むしろ投資信託を使うのが合理的だろうと思うからです。

投資の種類

株式投資

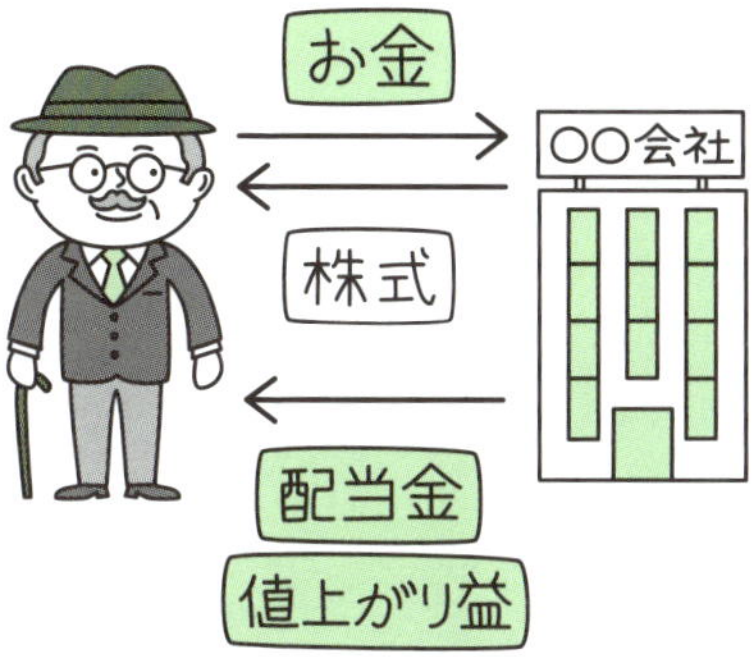

・出資者と運用者が同じ

・ある程度勉強が必要

投資信託

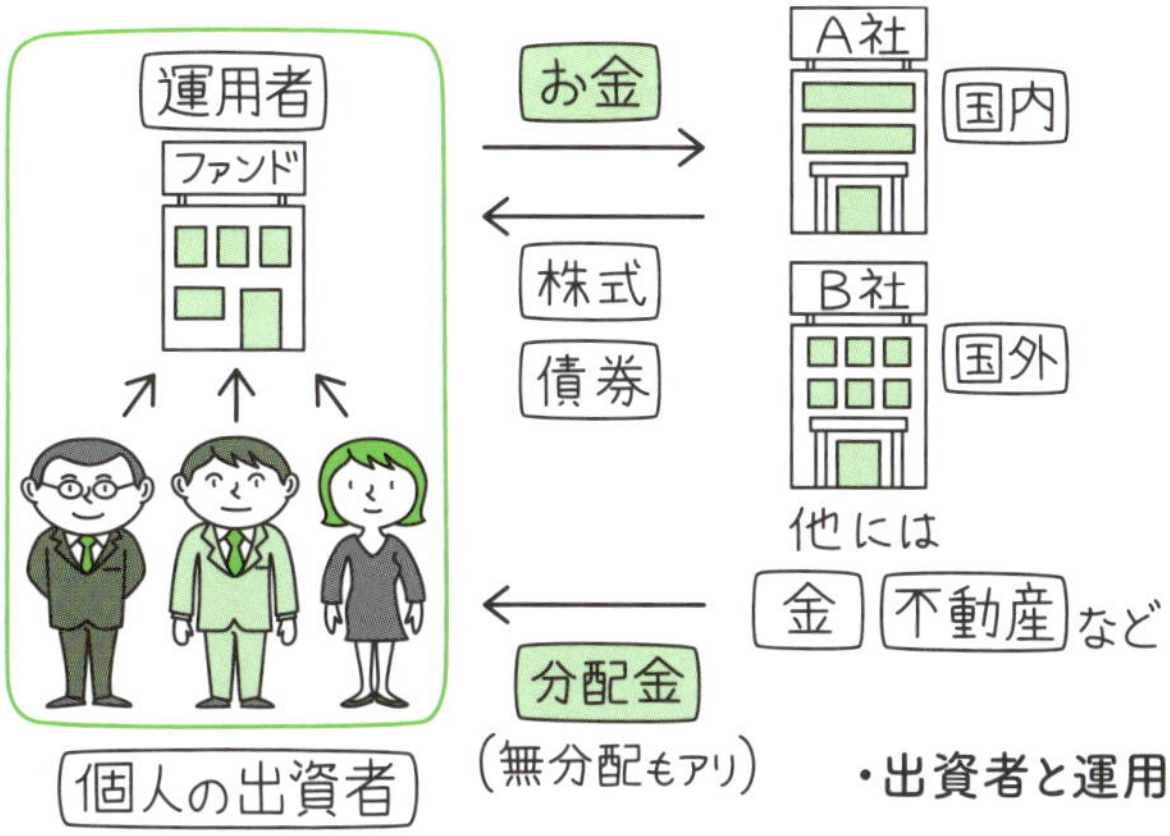

・出資者と運用者が別

・少額で分散投資できる

なぜ、忙しくて時間のない人や、収入の少ない人に投資信託がお勧めなのか？　その理由を述べる前に、もう少し「投資信託」について、説明したいと思います。

投資信託について詳しく学ぼう

「投資信託」とは一口に言えば、**株式や債券といった有価証券を1つのパッケージにした缶詰のようなもの**です。ただし、中身に何が入っているのかがわからない缶詰ではなく、どういう株や債券が入っているかが公開された透明な缶詰なのです。

投資信託はみんなでお金を出し合って1つのまとめた塊にし（これをファンドと言います）、運用の専門家に頼んで、その塊のお金をさまざまな株や債券に投資してもらうという仕組みの金融商品です。普通の株式投資が、投資する会社を自分で選ぶのに対して、投資信託ではそれを選ぶのを運用者に任せます。言わば**自分のお金の運用、投資を人に任せるというタイプ**のものです。ゆえに、株式投資とは違って、日々判断に迫られるということはないので、忙しいサラリーマンには向いていると言えます。

投資信託の選び方

国内株式 のみ
外国株式 のみ
国内株式 + 外国株式
国内株式 + 国内債券 + 外国株式 + 外国債券
A
B
C
D
なるべくバランスのとれたものにしよう！
どれにすればいいのかなぁ〜？

もちろん利益が出ればそれはすべて投資家のものですが、逆に損が出てもそれは投資家が負うべきものです。いくら人に任せたからと言って、運用者に責任があるわけではなく、結果は任せた自分が責任を負うということなのです。

では投資信託のよいところはどういうところなのでしょうか。それは何といっても**少額で広く分散投資ができるという点に尽きます。**極端なことを言えば1つの投資信託を1万円購入することで世界中の株式に投資することができるのです。ゆえに、収入の少ない人にもおすすめの投資方法だと言えます。投資信託という仕組みができ、しかもそれが小口化していったことで投資というものがぐっと身近になったことは間違いないでしょう。

どんな方法で始めるのがいいか

実際に投資信託を始めるには、まず金融機関に口座を開設する必要があります。では、どこの金融機関がいいのか？　銀行か、証券会社か、郵便局か、あるいはネット証券がいいのか……この段階から考えることはたくさんあります。ただ、本書は投資信託の指南書ではありませんので、それについて詳しくは触れませんが、実際に始めるにあたって、最も適切だと思われる方法についてのみお話しします。

それは**積み立てで投資信託を購入していくこと**です。具体的には金融機関で口座を開設し、どの投資信託を購入するかを決めたら、毎月決まった一定の金額を自動的に銀行引き落としで払い込んで継続的に積み立てで購入していくという方法です。お金を貯める方法は給与天引きや銀行の自動引き落としが一番よいということは、前にもお話しした通りです。

昔と違って今は少額の積み立てで投資信託を購入する人が増えてきています。金額も毎月1万円ぐらいで積み立てができますし、中には毎月500円から積み立てができる金融機関や投資信託もあります。まさにワンコイン投資ですから、これなら誰でも気軽に始めることができます。なんと先ごろは月々100円から買えるという証券会社も登場しました。一定金額で購入する方法は、投資理論から言えば常にベストというわけではありませんが、少なくとも**心理的な罠には陥りにくい**という利点がありますから、これから投資を始める人にとってはよい方法と言えるでしょう。

どの投資信託を選ぶべきか？

ではその中でも一体どの投資信託に投資をするのがいいかということです。日本国内で販売されている投資信託の数は何と6000本を超えます。それらを1つひとつ吟味して選ぶというのは並大抵のことではありません。そこで私は非常にシンプルで且つ合理的な方法を提案したいと思います。それは**グローバルに分散された「市場連動型」の投資信託を一本購入するか、日本、日本以外の先進国、そして新興国という具合に3種類の投資信託を買うか、どちらかです。**

もちろんどの投資信託を選ぶのかは投資する人が決めることなので、私がこれを買いなさいと言うつもりでお話ししているのではありません。投資というのは先の見えないものにお金を託すことです。先のことは誰もわかりませんから、これからどの国や地域が成長し、どこが衰退するかを何十年も先まで当てるというのはまず不可能です。

だとすれば**世界全体、地球全体に投資をすればいいのです。**投資信託なら少ない金額

投資信託のルール

❶グローバルに分散された投資信託を1本買う

❷日本、日本以外の先進国、新興国の3種類の投資信託を買う

➡世界全体に投資する

でもそれができます。むしろ投資信託でできることだからこそ、世界全体への分散投資はやっておくべきことなのではないかと思います。なぜなら、地球上に人類が存在する限り、そして世界全体では人口が増加し、曲がりなりにも**資本主義経済が中心である限りは、長い期間にはゆったりと世界経済は成長を続けます。**成長するエリア、衰退するエリア、それらをすべて包含して投資できることが投資信託最大のメリットだと言えるでしょう。

ケンジ&マユミからの疑問・質問

「初心者には株式投資よりも投資信託の方がおススメっていうことですね」

「うーん、僕は本来なら投資は人に任せるものではなくて自分で考えて研究し、判断すべきものだと思っている。だとすれば運用を任せる投資信託よりも、株式投資をしたほうがよいというのが僕の考えだ。
でも株式投資は単なるギャンブルとは根本的に違うから自分が投資しようとしている企業の内容をしっかりと調べた上で判断しなきゃならない。退職して時間のある人ならともかく、普通に仕事をしている人がそんな時間を取るのは難しいよね。だから**次善の方法として投資信託がよいのではないか**ということなんだよ」

「でも投資信託だって、『人に任せる』とは言うものの、結果に対してはその人が責任をとってくれるわけじゃなくて、儲かっても損してもその結果は自分で負わなきゃいけないんですよね」

「それはそうだ。だって投資というのはどこまで行っても自己責任だからね」

「だったら、やっぱり自分で勉強して株式に投資するほうがいいんじゃないですか？　だって任せたらどんな運用をするのか、わからないじゃないですか」

「その疑問はもっともだね。でも投資信託というのは100％お任せということではなくて、あらかじめ『こんな運用方針で、主にこういう先へ投資しますよ』ということを事前に広く発表しているんだ。それをよいと思うか悪いと思うかは投資をする人の判断だから、そこにまったく投資家の意思が入らないわけじゃない。それに**個人ではとても投資できないような世界中の企業の株を、少額でも買えるというのはやはりメリットが大きい**と思うよ」

「あと、『どんな方法で投資するのがいいか』というお話の中で、毎月の積立投資は『少なくとも心理的な罠には陥りにくい』と言われてましたよね。それはどうしてですか？　どういうのが〝心理的な罠〟なんですか？」

「心理的な罠というのは誰でも陥りがちなものなんだよ。これは実際に投資を始めてみるとわかるけど、投資して値段が上がるとうれしいよね」

「はい。多分すごくうれしいと思います」

「でもうれしいと感じるだけならよいけど、気分がよくなって『もっと買い増しをしたい』って思うんじゃないかな？　逆に下がったらどうだろう。気分が悪くなって、おそらく見るのも嫌になるだろうね。だって損してるんだから。それだけならよいけど、嫌になって積み立てを止めてしまったり、売ってしまったりするかもしれない。

でも、どちらもやっちゃいけないことなんだよ。高くなったら嬉しくなって買い増しをし、安くなったら悲観して売ってしまうというのは明らかに間違い。本当は逆の行動をとらなきゃいけない」

「確かにその通りですね……でも実際は難しいんじゃないですか？」

「そう、その通り。わかっていても実際に逆の行動をとるのは難しい。上がったら買いたくなり、下がったら売りたくなるのが普通の人間の気持ちだからね。

したがって、**そういう行動が無理なんだったら、一定金額で機械的に購入するこ**

とを続ければよい。そうすれば、金額が一定なんだから、高い時は自動的に少ない数量を購入し、安い時は多くの数量を購入することができるので、結果としては合理的な投資行動になるというわけさ」

「それから、どの投資信託を買うかということで、世界中に分散投資すればいいというお話でしたよね。理屈はなんとなくわかるんですが、外国のよくわからない株に投資をするというのはちょっと不安なんですが……」

「その気持ちはよくわかるよ。だからどうしても不安だったら日本の株式だけに投資する投資信託を買ってもかまわない。ただ、そうすると今後の日本の経済や市場に大きく影響を受けることになるから、**世界全体に分散投資する場合に比べるとリスクは高くなってしまうだろうね**」

「それから、５００円から投資信託を買えるというお話がありましたが、実際にそんな金額で投資してもあまりお金は増えないんじゃないですか？　だって毎月５００円だったら10年間続けても６万円にしかならないんだし」

「それはまったくその通り。500円から買えるというのはあくまでも買いやすさをアピールしているだけのことであって、本当に投資をしようとするなら無理をしない範囲ではあっても、できるだけたくさん投資したほうがよいだろうね。ただ、500円とか1000円という少額で始めることには意味がある。なぜなら、まだ金額が少ないうちに、先ほど言ったような、上がったら買いたくなり、下がったら売りたくなるという不合理な判断で失敗することを経験するのは悪くない。そうやって少しずつ投資の経験をして、資産を増やしていけばいいんだ」

「あと、これってとても大事なことだと思うんですけど、買った後にいつ売ればいいんですか？」

「いい質問だね。投資は安い時に買って高い時に売るのが原則だけど、そのタイミングを的確に見極めるのは極めて難しいし、事実上不可能だと言ってもいい。だとすれば、売るタイミングを必死になって探すことにあまり意味はない」

「え、じゃあどうすればいいんですか？」

「それは簡単。**お金が必要になった時に売ればいい。**投資というのは短期的な売買のタイミングで儲けようというのはとても難しい。そんなことに気を取られていたらちゃんと仕事ができなくなってしまう。だから長期の構えでいることが大切だ。そうすれば資産というものはゆっくりと少しずつ増えていくんだから、その途中でもしお金の必要なことができたら売ればよい、というだけのことだ」

「でも、もしそのお金が必要な時にリーマンショックみたいなことがあったらどうすればいいのですか？」

「お金が必要な時に暴落していれば、売らなければいい。つまり、貯金からおろせばいいんだ。そういうこともあり得るということを考えて**投資と貯蓄のバランスを考えておくべき**だと思う。だから、全財産を投資に回すというのはあまりにも危険が大きいということだね。何事もバランスが大切だっていうことだ」

お金の原理原則⑧

お金が増えない！3つの落とし穴

「やってはいけない」お金の増やし方とは？

さて、ここまではお金を増やすという観点から、やるべきこと、そのやり方等について、いくつかの原理原則をお話ししてきました。貯蓄、投資、そして投機のそれぞれの違いや天引きの重要性など、わかっていただけたかと思います。「ふやす章」で知っておくべき原理原則の最後は「お金を増やす上でやってはいけないこと」についてお話ししておきましょう。

これも実はとてもシンプルなことばかりです。お金を増やす上でやってはいけないこ

と、注意すべきことは、

1．人に頼ったり任せたりしないこと
2．うまい話に乗らないこと
3．無理をしないこと

これに尽きると言ってもいいでしょう。1つひとつ説明をしていきます。

1．人に頼ったり任せたりしないこと

長年にわたって個人投資家が株式投資でとる行動を見ていると明らかなことが1つあります。それは**儲かっている人はほとんどみんな「自分で考えて判断している」ということ**です。逆に人に「何を買えば儲かりますか？」と聞いて儲かっている人は見たことがありません。これは投資に限らず、すべてのビジネスにおいて共通することでしょう。

だって考えてみてください。これが結婚や転職のようなことの場合、その意思決定を簡単に人に委ねますか？「誰と結婚したらよいか教えてください」とか、「転職すべき

かどうかは決めてください」などとは絶対に考えないはずです。

にもかかわらず**投資という自分の財産に関わる重大な案件であるはずなのに、どうすればいいのかを人に聞いたり委ねたりするというのは変です。**おそらく心の片隅のどこかに「きっと儲かる方法や銘柄があるはずだ」と思う気持ちがあるからでしょう。しかしながらそんなものはありません。「先のことは誰にもわからない」というのが投資の真実です。だからこそ、精緻に分析し、慎重に考え、且つそれでも決してなくなることのない「リスク」をできるだけ小さくするために分散投資を行うことが大切なのです。

したがって、お金を増やすにあたって**絶対やってはいけないことの1つが「人に頼ったり任せたりしてしまうこと」です。**投資に限らず、人生において最も大切なことは「自立すること」です。自分の頭で考えて判断し、結果に対して責任を負うということが一人前の人間として求められることなのです。

2．うまい話に乗らないこと

これ、実はさきほどの1とも共通することです。どういうことかと言うと、人に「何

お金を増やすうえでやってはいけないこと

❶ 人に頼ったり任せたりしない

自分で考える
ことが大切

❷ うまい話に乗らない

相手の側に
立って考えよう

❸ 無理をしない

自分の
「リスク許容度」を
知っておこう

か儲かるものはないか?」と聞くのは、そういうものがきっとあるのだろうという気持ちがあるからです。でも世の中にうまい話はないのです。

よく、「あなただけに特別の情報を」とか電話で言ってくる業者があります。でも本当に特別に儲かるものなら、どうしてそれをわざわざ人に言うのでしょうか。私だったらもしそんな美味しい話があったとしたら、絶対に人には言わず、自分で独り占めします。そもそもそういう話を持ってくる時点で怪しいと思うのが普通の常識です。

ところが、人間には欲がありますから、「特別によい話を」と言われると、つい聞いてみようという気になるのです。ではどうすればいいのでしょうか。それは**相手の立場になって考えるクセをつけること**です。相手がこれを自分に勧めることによって相手には一体どんなメリットがあるのだろう? と考えることです。

これは世の中によくある「無料サービス」でも同じことです。たとえば「保険ショップ」などは特定の保険会社が運営しているわけではないので、中立だと言っていますが、相談料が無料だとしたら、一体何で儲けているのかを考えるべきでしょう。言うまでもなく販売した保険の会社から一定のバックマージンを得ているはずです。だとすれば私なら一番取扱い手数料の高い保険を勧めるでしょう。それが常識というものです。無料という美味しい話につられないようにすることが大切です。

3. 無理をしないこと

最後の〝やってはいけないこと〟、それは「**無理をすること**」です。ただ、これはまったくリスクを取らずに安全第一で行きましょうということではありません。なぜならリスクを取らない限り、利益を得ることができないというのもまたお金の真実だからです。

したがってリスクを取るのは一向にかまいません。問題は過大なリスクを取らないということです。具体的に言えば、自分の持っている資産の中で価格変動があるリスク資産にどれぐらいお金を投資することができるかということ、これを**リスク許容度**と言いますが、このリスク許容度を無視して投資をしてはいけないということです。前にも言いましたがマーケットが好調で株価が上がってくると、お金をさらにつぎ込みたくなってきます。その気持ちは理解できますが、調子に乗って自分で負える以上のリスクを持つのは感心しません。過去に投資で失敗した人たちの多くは、この過度にリスクを取ったことが原因です。

また**お金を借りて投資をするのも「無理をすること」です。**信用取引というのはまさにお金を借りて投資することなのでFXのようにレバレッジがかかります。上がれば効率よく利益を得られますが、逆に少しでも下がると自分の出したお金は吹っ飛んでしまいかねません。信用取引が悪いというわけではありませんが、レバレッジをかけて投資をすることのリスクを十分承知しておかないと、思いがけずに大きな損で財産をなくすかもしれないということを忘れてはいけません。

これ以外にも細かいことで、あるいはテクニック的な部分で投資するにあたって注意することはありますが、それらは自分で体験しながら学んでいけますし、むしろ時には小さい失敗をしたほうがいい場合もあります。ただ、ここでお話しした3つのことは極めて重要かつ本質的な話なので、心得ておくべきです。

これら「やってはいけないこと」もしっかりと頭の中に入れておいていただくことを

強く願って、「ふやす章」のお話を終えたいと思います。

ケンジ＆マユミからの疑問・質問

「お金を増やす上でやってはいけないこと、よくわかりました。確かに自分の頭で考えないといけないというのはその通りですよね。でもまだ投資のこととかよくわからないのに誰にも相談してはいけないというのはちょっとつらいですね」

「どんな場合でも人に相談してはいけないということじゃないんだよ。たとえばマーケットの先行きに対する判断の仕方とか、経済指標の数字をどう解釈するのがよいか、といったことはいろんな見方をする人がいるから、それらの人たちの意見を聞いて参考にするのは大いに結構だと思う。ただ、特定の人の意見ばかり聞いていたのではダメで、考え方の違う人の話を聞くことが大切なんだ。大切なことは、**結論を聞いてはいけない**ということだ。思考のプロセスではいろんな人の意見は参考にすべきだけど、最終的な結論は自分で出すということだね」

「それから、投資に限らず、お金のことをファイナンシャル・プランナー（ＦＰ）に相談するのは、別にかまわないんですよね？」

「うん、それはいいと思う。ただ、気を付けなきゃいけないのは金融機関の社員でFPと名刺に書いてある人。確かにFPの資格は持っていると思うけど、彼らは金融機関の社員なのだから、自社の利益を最大化するのは当然だ。そうでなきゃ株主から怒られるからね。金融機関での相談は無料だけど、それは自社の金融商品を買ってもらいたいから無料なだけ。だからもしFPに相談するのであれば、**独立している人に、きちんと相談フィーを払って相談しなきゃいけない**ということだね」

「あと、『うまい話に乗ってはいけない』というのもわかるんですけど、やっぱり『お得情報』ってあるじゃないですか、たとえばバーゲンとか。そういうのはどうなんですか?」

「まあ、そういうお得情報に乗ってはいけないとは言わないけど、それはお得に見えているだけで、実際は売り手にとっても儲かるようになっているんだよ。もちろん、サービスという面がないとは言わない。でも**お店が日頃のご愛顧に感謝して損して処分するなんてことはあり得ない**。元々バーゲンをやらなければ売れなくて処分されていたものなら、少しぐらい安くしても売ってしまった方がお店

にとってはよいから、バーゲンをやるんだよ。だってプロ野球の球団が優勝したら『優勝記念セール』をやるけど、もし、優勝しなくても『残念セール』とか『ご声援感謝セール』ってやるだろう？　要は儲かるからバーゲンをやりたいということだよ（笑）」

「じゃあ、バーゲンとかセールは行かないほうがいい？」

「自分が欲しいものや買いたいと思っていたものが安くなっているのだったら、バーゲンで買うのは悪くない。ただ、バーゲンでお得になっていると思ってつい、必要じゃないものまで買ってしまわないように注意したほうがいいということだね」

「それから、『無理をしてはいけない』のところでリスク許容度って話があったじゃないですか。その意味が今1つよくわからないんですけど」

「わかった、じゃあ少し説明しよう。リスク許容度とは**価格変動のある金融商品を購入するにあたって、下落による損失をどの程度まで受け入れられるかという**

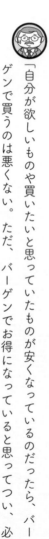

ことだ。たとえば仮に結婚資金のためにと思って貯めているお金が今100万円あったとする。当面結婚するかどうかはわからないけど、いつよい縁に恵まれるかわからないのだから、このお金はひょっとしたらすぐに使うかもしれない。にもかかわらずそのお金で仮に投資信託や株式を購入していた場合、もし必要になった時点で価格が大きく下がっていたとしたら、結婚資金として予定していた金額に足らなくなってしまう。したがって、そういう性格のお金はリスクを取って運用すべきではないということになるね。

このように**人によって、あるいはそのお金の性格によってどの程度までリスクを負うことができるかというのがリスク許容度**なんだ」

「具体的にリスク許容度を決める基準みたいなものはあるんですか？」

「一般的には若い人ほどリスクを取れるとか言うけれど、私はあまりそう思わない。若いうちはそれほどお金がないのだからある程度金融資産が貯まるまではそれほど高いリスクは取れないはずだ。リスク許容度を決める要素は『保有金融資産』と『リスク耐性』だと思っている。保有金融資産は多いほど、そしてリスク

耐性は強いほどリスク許容度は高くなる」

「リスク耐性って、どういうことですか？」

「どの程度ぐらいまでなら損失が生じても、自分の生活に影響が出ないかということだ。ここで言っている『影響』というのは経済的な意味と精神的な意味の両方がある。特に大きいのは精神的な意味だね。損をしたショックで落ち込んで仕事が手につかなくなってしまったのでは困る。これはたくさんお金を持っているか持っていないかとは直接関係がない。言わばその人の性格みたいなものだからね」

「じゃあ、無理をしないで投資をするというのは、**これぐらいまでなら損をしても日々の生活に大きな影響が出ないという金額でやるべき**だということですね」

「そういうことだね。投資はあくまでも先が見えないものにお金を託すということだから、それなりの覚悟と、悪い結果が出た時の準備や心構えをしておくことが大切だということだね」

第3章
そなえる章

知られていない
保険の
意味って？

保険に入る
基準を教えて！

年金のこと、
ちゃんと
知りたい！

押さえておきたい
iDeCo
の秘密

一番
大事な
保険って何？

企業年金
って
知らないと損？

ここからは「そなえる章」です。そもそも、備えるとは、一体何に備えるのでしょうか？　それは人生におけるさまざまなリスク、つまり事故や病気、失業といった不幸な出来事に備える、そして誰にでも等しくやってくる「老後」に備えるということです。

必然的に話の中心は保険や年金になります。ところがこの「そなえる」ためにとても大切な年金や保険については驚くほど誰も何も知りません。イメージだけが先行していて正しい実態はあまり報道されていないし、多くの人は間違った知識を持ったままになってしまっています。その結果、保険会社などの金融機関の勧めるままに無駄な保険に入ったり、やたら手数料の高い金融商品を買ってしまったりしているのです。

また若い読者の中には、保険や年金なんて自分には関係ないよ、と思っている方がいるかもしれません。

しかし、保険や年金は若い人こそきちんと知っておくべきです。

それは本章を読み進めてもらえれば自ずとわかるかと思います。

この章では、保険や年金の本質、基本的な仕組みについてお話しします。

病気になったり、年をとって働けなくなったりした時の備えとして、国や企業が用意している制度や仕組みの中には素晴らしいものがたくさんあります。そういう有利な制度や仕組みを正しく理解すると同時に、自らの努力によっても将来に備えることを考えるのも大切です。

本章では、自助努力で将来に備える最適な方法についても紹介していきたいと思います。

お金の原理原則⑨

みんな間違えている、保険の本当の意味

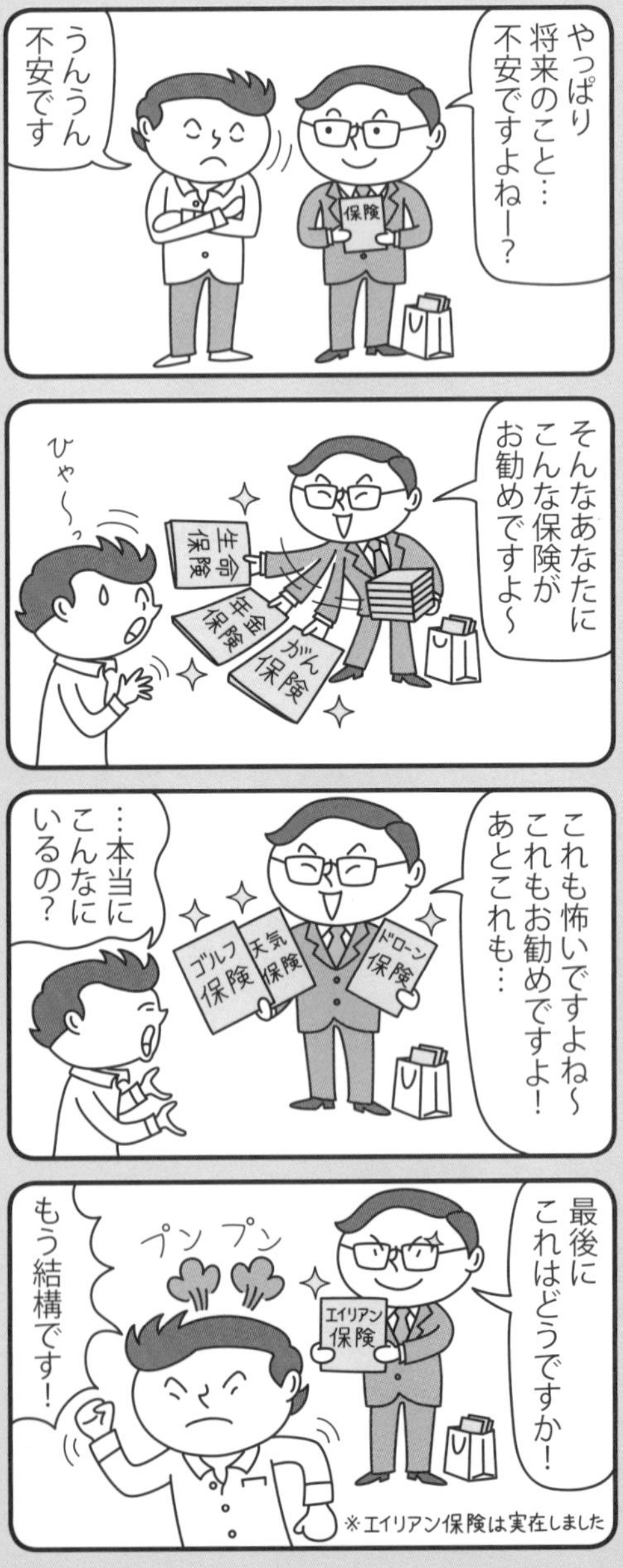

社会人になったら、保険は入るべき?

日本人は**世界的に見ても保険がとても好きな国民**です。公益財団法人生命保険文化センターが2015年12月に公表したデータによれば、日本人一世帯当たりの年間保険料払い込み額は38万5000円だそうです。保険金額も世界中で見るとダントツに多く、他の先進国の5倍程度だと言われています。後で出てきますが、日本という国は年金も医療保険も公的な制度は他の国よりもかなり優れています。したがって、それほど民間の保険に入る必要はないにもかかわらず、多くの人が保険に加入しています。

この理由は一体何でしょう。もちろん保険会社の営業力が優れているということもあるでしょうが、私は**多くの人が保険の本質を見誤り、勘違いしている結果ではないかと思っています。**そんな例をいくつか挙げて保険の本当の意味を考え、無駄な保険に入らないように気を付けることがとても大切だということをお話ししましょう。

学校を卒業して新社会人になると、保険会社の営業の人がやってきて盛んに保険への加入を勧誘します。最近は職場への立ち入りも制限されていますから、昔ほどではありませんが、それでも食堂やロビーなどで勧誘したり、近所の喫茶店などで若い人向けに保険の加入を勧めたりしている光景はよく目にします。でも新しく社会人になったばかりの人に、生命保険は本当に必要なのでしょうか？

仮に自分が一家の大黒柱としての働き手であり、まだ小さい子どもがいる場合であれば、生命保険に入ってもいいと思います。でももしあなたが社会人になったばかりの独身だとすれば、あなたが死んでも経済的に困る人がいますか？　もちろん、ご両親はとても嘆き悲しむでしょうが、だからといって、あなたが死んだことでご両親が生活していけないということはありません。つまり生命保険は、**あなたが死んで経済的に困る人がいる場合に、入る意味があるのです。**だとすれば、新社会人になったあなたがすぐに保険に入らなきゃいけない理由というのは何もありません。

「社会人になったのだから、保険に入るのは社会人としての責任ですよ」みたいなことを言われて何となくその気になって入ってしまっているケースも多いと思いますが、論理的に考えてみるとそれはまったく意味がありません。明らかに論理のすり替えです。

そんな無駄な保険料を払うぐらいなら、その分を貯金していたほうがよほどマシです。

保険は本来、損をするもの

敢えて誤解を恐れずに言えば、**保険は必ず損をする仕組み**なのです。保険は、みんなが少しずつお金を出し合うことで、不幸な目に遭って、経済的に困窮する人にそのお金を回してあげるというのが本質です。すなわち、助け合いの仕組みなのです。だとすればわずかなお金を負担する（損する）ことによって、大きな損が発生した時に備えるというのが本来の姿だと言えるでしょう。つまり、**保険は「掛け捨て」が大原則なのです。**できるだけ少ない保険料でできるだけ大きな保障を得られるというのがよい保険の条件だと言えます。

ところが多くの人はこの「掛け捨て」が嫌いです。でも、掛け捨てが嫌だからと言って貯蓄型の保険にしてしまうと、1つの商品の中で同じ原資を使って保障と貯蓄の両方の機能を持たせなければなりませんから当然保障に回る分は弱くなりがちです。保険と貯蓄は明確に区別したほうがいいのです。そもそもこの「掛け捨て」という表現自体があまりよくありません。何だかお金を捨てるみたいなイメージです。でもこれはお金を捨てるのではなく、「保障」という商品を買っているのです。例えて言えば、警備保障会社であるセコムに払う警備料は、万が一の盗難に備えるためのものです。いわばこれも保険の一種です。「泥棒に入られなかったら警備料が損になるから、貯蓄型のセコムはありませんか?」などと言う人は誰もいません。でも貯蓄型の保険を好むというのは実はこういうことなのです。

そもそも**保険で儲けようと思う考え方自体が大きな間違いです。**生命保険で一番大儲けできるのは加入した途端に死んだ場合だし、火災保険で大儲けできるのは加入してすぐ家が火事になって焼けてしまう場合です。だからと言ってそれで儲かったと喜ぶ人はいないでしょう。そういう不幸なことが起きないことが一番幸せなことです。だから保険料というのは損をしてもかまわない。けれどできることなら損は少ない方がいいですよね。ということはつまり安い保険料で高い保障の得られる保険を選ぶべきであり、**中途半端に貯蓄機能のついた保険などは不要**だということです。

保険のしくみ

保険は必ず損をするもの

保険はわずかな負担（＝小さな損）で大きな損に備える仕組み

貯蓄型保険は×

貯蓄型保険は同じ原資の中で
「保障」と「貯蓄」の両方を行う

↓

肝心の「保障」が弱くなりがち！

➡保険に入るならシンプルなものを！

保険はれっきとした金融商品

保険の営業の人はよく「いや、保険は安心料ですから」と言います。「そう、保険は安心料でお守りみたいなものなのだからあまり深く考えすぎないで」ということなのでしょう。でもこの場合、安心料とは言うものの、一体何の安心料なのでしょうか。保険に入れば死なない？　あるいは保険に入れば病気にならない？　それならうれしい話で必ず保険に入るべきですが、そんなことはあり得ませんね、つまり「保険は安心料」というのは、万が一何か大きな損失が発生してもそれを保険でカバーすることができる、という意味です。つまり大きな損失や費用の発生に伴うお金を、保険料というお金を払うことでカバーする、言わば**お金でお金を買う商品**なのです。

だとすれば**保険はお守りなんかではなく、れっきとした金融商品**です。金融商品であるからには、コストとパフォーマンスが大事です。投資信託の場合で言えばコストは手数料、パフォーマンスは運用成績ですが、保険の場合のコストは保険料、そしてパフォーマンスは起こる確率とそれに対する支払実績です。ところが他の金融商品と違っ

保険はシンプルなものを選ぼう

て、保険はこれらの開示が決して十分だとは言えません、特に保険料のうち、代理店手数料等、保険会社の経費として費消されるお金の割合は、ごく一部の保険会社しか公表していません。

そんな状況の中で我々がやるべきことは、保険料と保障額のバランスを考えて、**できるだけシンプルで割安な保険を選ぶこと**です。これは保険に限りませんが、金融商品というのは、複雑になればなるほどリスクも見えづらく、手数料も割高になる傾向があります。複雑な商品は避け、自分が必要な保障の分だけを、できるだけ安い保険料で加入するというのが賢い利用方法だろうと思います。

ケンジ＆マユミからの疑問・質問

「保険って社会人になったら入らなきゃいけないものだって思っていました。要するに保険は入らない方がいいということなんですか？」

「いや、なんでもかんでも保険なら入ってはいけないということじゃない。必要があれば入るべきだけど、必要のないものに入るのは無駄だ。わかりやすい例でいえば、自動車を運転するのに対人賠償保険に入らないということはあり得ないだろう？ でもそれと同じぐらい、私みたいに引退して子どもも独立した人間が生命保険に入り続けるということもまったく意味がないのであり得ない話なんだよ」

「でも、じゃあどうしてこんなにみんな保険に入っているんでしょうか？」

「**保険というのは本来『相互扶助』、すなわちみんなで困った時には助け合おうという仕組みのものなんだ。**だから保険自体は決して悪いものでも不要なものというわけでもない。その証拠に日本には昔、『講《こう》』という仕組みがあったが、これは保険とよく似たものだ。元々は宗教的な結社であったが、さまざまなバリエーションが出来て、そのうち、１つのグループでお金を定期的に積み立て、そのお金

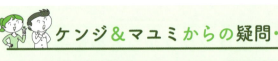

をくじや入札でグループの誰かに融通するという仕組みのものが出来ていった。これはある種の保険と同じだ。言わばみんなで困った時に助け合う『互助』の考え方に基づくものだね。戦後はこういうものがなくなり、その代わりに国が運営する公的な保険が生まれたんだ。たとえば年金制度だってそうだし、医療保険制度や介護保険制度等もそうだ。しかもそれに加えて民間の保険がどんどん拡大していった結果、これほど多くの人が保険に加入するようになったんだろうね」

「国の保険制度ですか？」

「そう、後で詳しく話すけど、**公的年金というのは一種の保険**なんだ。将来、歳をとって働けなくなっても、一生涯支給されるという仕組みの保険だ。それに健康保険だって国民全員が入っている。これによって治療費の自己負担は3割で済むし、仮に入院して月に100万円とかの高額の医療費がかかったとしても、一定金額を超える分は全部国が面倒を見てくれる『**高額療養費制度**』というのもある。日本という国は社会保障がとても充実した国なんだよ。だからそうした国の制度や自分の持っているお金だけではまかなえない部分だけ保険に入ればいいと

いうことだ」

「へー、高額療養費制度なんて、今初めて聞きました。保険会社の人は病気になったら困るから医療保険に入りましょうって言うんですけど……」

「まあ、保険会社は保険に入ってもらわないと商売にならないし、営業員の人は契約をとらなきゃいけないからそう言うのはあたり前だね。私が以前保険会社の人から医療保険を勧められた時に、『高額療養費制度があるから必要ない』と答えたら、『それは一体何ですか?』と聞き返されたことがある（笑）。さすがに最近はそんな不勉強な営業員の人はいないだろうけどね」

「私は、掛け捨ても損だから止めたほうがよいと言われました。貯蓄性保険で戻ってくる方がお得だと」

「保険に限らず、**金融商品はシンプルな方がよいというのは鉄則だ**。基本的には公的な支援がどうなっているのか、そして自分のお金がどれぐらいあるかを調べ

た上で、不足すると思われる分だけ保険に入ればいい。

その際には**できるだけ保険料が安くて厚い保障が受けられる保険商品を選べばいいんだよ。**仮に向こう10年間、死亡した場合だけ保険金が2000万円支払われる、というような条件のシンプルな保険があったとしよう。同じ条件のものを各社で比べれば、保険料の違いがはっきりするのでわかりやすいはずだ。ところが実際にはさまざまな特約や条件がついて、簡単には比較できないことが多い。

それに**保険は、『将来の危険に備えて、できるだけ少ない保険料でできるだけたくさんの保障を得られるようにするもの』**、これに対して**貯蓄は『将来の楽しみのために、できるだけたくさんのお金を蓄えるべきもの』**だ。言わば、正反対の性質のもの。この正反対のものを2つ組み合わせて上手くいくはずがない」

「考えてみればそうですね。ところで具体的にどんな場合に保険に入った方がいいのか、どんな場合は不要なのかをもっとちゃんと知りたいです」

「そうだね。じゃあ、次にその話をしてみよう」

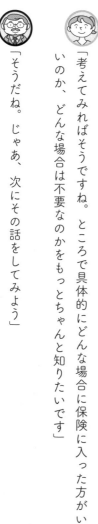

お金の原理原則⑩
保険に入るべき3つの条件とは？

「高まるリスクに保険で備えよう」のウソ

保険という仕組みの本質を考えた場合、入っておかなければならないケースというのは次の3つの条件がそろった時です。

1．めったに起こらないこと

2．でも、もし起こったらとても自分のお金ではまかなえないこと

3．そしてそれがいつ起きるかわからないこと

では、どういうことなのかを具体的に考えていきましょう。

まず、**保険というのは「めったに起こらないこと」に対応する**という意味からお話しします。よく、こんな宣伝文句を目にすることがありませんか？「歳をとって高まる病気のリスクに保険で備えましょう」。一見もっともに思えるこのフレーズですが、実は根本的に大きな論理矛盾を抱えています。前半の〝歳をとると病気のリスクが高まる〟

というのは間違いなく正しいのですが、問題は後半の「保険で備えましょう」という部分です。なぜなら**そもそも高まるリスクに保険は向いていないから**です。

前項でもお話ししましたが、保険はみんなが少しずつお金を出し合って、運悪く不幸な目に遭ってしまった人のためにお金を回してあげる仕組みです。大切なことは1人ひとりが出すお金はわずかだけど、まとまると大きくなるので、突発的なことに対しても対応ができるということです。この場合、**その突発的なことがめったに起こらないことであるからこそ、わずかな掛金でも対応が可能なのです。**

もし頻繁に起きることなら、負担しなければならない保険料は高くなります。極端な話、年齢が100歳以上の10名の人だけで組成する生命保険があったとしたら、ひょっとすると保険金以上に保険料を払わなきゃいけないかもしれません（笑）。だって、いつ亡くなられるかわからない究極のハイリスクグループなのですから。

保険というのは確率です。数理計算に基づいて保険料が算出されるようになっているのです。であるとすれば、高まるリスクに対応すべきなのは保険ではなくて貯蓄です。

保険に入るべき3つの条件

❶めったに起こらないこと

高まるリスクには
貯蓄で対応しよう

❷もし起きたら自分のお金ではまかなえないこと

払える範囲のお金は
貯蓄で対応しよう

❸いつ起きるかわからないこと

必要なタイミングが
わかっているなら
貯蓄で対応しよう

自分のお金でまかなえるのであれば保険は不要

次に、**保険が必要なのは「自分のお金ではまかなえないこと」に限る**ということです。ビル・ゲイツは保険に入る必要があるでしょうか？　おそらく誰が考えても入る必要はありませんね。何せ世界一の大富豪なのですから。自分のお金では到底まかなえない場合にそなえて、保険があるのです。たとえば、事故やトラブルで巨額の賠償をしなければならないという場合はとても自分のお金では対応できません。

では医療保険の場合はどうでしょうか。民間保険会社の医療保険というのは基本的には治療費に対して支払われるのではなく、健康保険ではカバーできない入院の際の差額ベッド料だとか病院へのタクシー代などをまかなうためのものです。だとすれば、そういうお金は貯金から下ろせばいいわけです。たとえば毎月3000円ずつ保険料を負担して医療保険に入ったとします。1年で3万6000円、10年で36万円、もし20年間払い続けたら72万円になります。その間、仮に5日間入院したとして給付金が一日1万円出た場合、5万円が保険から給付されます。それで「良かった！」と言えるのでしょうか？　**私ならその72万円は保険料の支払いなどではなく貯金します。**病気になって入院するなら差額ベッド料はその貯金の中から下ろせばいいですし、もし入院しなければそのお金は旅行でも食事でも何でも使うことができます。

もし仮に、社会人になりたてでまだ貯金がほとんどない場合はこういう保険も必要かもしれませんが、問題は確率です。ある保険会社で商品設計に関わっている人によると、20代前半の人が1年間に入院する確率は高めに見ても3・5％程度だそうです。だとすれば、保険に入るよりもせっせと貯金をした方が得なのではないでしょうか。

いつ起きるかわかっているのであれば保険は不要

最後に、**保険に入る理由の3つ目は「いつ起きるかわからない」出来事に対応するためです。**たとえば車を運転していたら、いつ人身事故を起こさないとも限りません。滅多にないでしょうが、もし起きたら大変ですし、明日にでもそれは起きるかもしれないわけです。年間数万円の保険料を払うことで、人身事故によって背負う何億円もの補償がカバーできるということを考えると、これは入っておかなければならないでしょう。

ところが**学資保険などはまったく不要です。**だって子どもが生まれた時から、いつ高校へ行くのか、いつ大学へ入学するのかはわかっています。以前のように金利が高い時期であればまだしも、今のような時期に学資保険では中途でもし解約すると元本を割ることもありますから、こちらも貯金で備えた方がよいと思います。

絶対入っておくべき保険って何?

それでは、人生において入っておくべき保険はどういうものがあるでしょうか?

まずは**自動車保険です。それも対人補償が最優先、次に対物補償です。**自分の車の修理に対する車両保険はケースバイケースでしょう。なぜなら自分の車をちょっとこするようなことは比較的よく起きるので保険料が高くなるからです。次に必要なのは火災保険でしょうか。家は一生に一度の大きな買い物ですから、火事で焼けてしまってローンだけが残るという事態にそなえ、補償を得られるようにしておくことが大切です。

生命保険もケースバイケースです。期間を限定して必要と思われる保障の金額に限って加入するのはありですが、生涯にわたって多額の生命保険に入る必要はありません。特に引退後はまったく不要です。ただし、唯一の例外は金融資産をあまり持っていなくて、不動産の資産がものすごく多い場合です。この場合、相続税が払えなくなる可能性がありますので、一種の相続対策として保険金を受け取るというのはありでしょう。

あとは病気やケガによる入院や自宅療養で、仕事に就けない期間が長期に及んだ場合などに、所得補償が行われる保険であれば検討する価値はあります。サラリーマンであれば、会社からの支援や公的な補償等も考慮した上で考えればいいでしょう。

要は、**何でもかんでも保険で対応しようというのが間違い**ということです。あくまでも保険は「保障」が目的です。病気や事故などが起こった場合、公的な制度や会社の制度だけでは足らないと判断する部分だけ加入すればよいということです。そのためには勧められたから保険に入るということではなく、国や自治体、そして会社がどういう保障の仕組みを持っているのかを勉強することから始めるのが大切だと思います。

ケンジ&マユミからの疑問・質問

「保険に入ったほうがよい3つの場合、とても面白かったし、納得です！ 面白かったのは『高まる病気のリスクに保険で備えましょう』っていう宣伝文句。今まで何も違和感を覚えなかったのはどうしてなんでしょう？」

「これはまさに心理的に陥りやすい罠だね。**ヒューリスティック**といって、人間は判断を求められた場合、多くは自分の経験則とか世間一般の常識に照らし合わせてできるだけスピーディに判断しようとする。本来ならば論理的に考えていくとおかしいと思うことでも、従来のイメージや思い込みで簡単に判断することで間違った結論を出してしまいがちになるんだ。

この場合、『歳をとると病気のリスクが高まる』ということ自体は正しいし、『リスクに対しては保険で備える』ということも間違っていない。ただ、高まるリスクがはたして保険に向いているのかどうか、ということは保険の仕組みを考えるとすぐにわかるにもかかわらず、そこがスルーされてしまっているということだね」

「ヒューリスティックですか。でもお話を聞いていると、ほかにもこんな心理的に陥りがちなことが一杯あるような気がしますね」

「その通り！　たとえば話の中に出てきた医療保険だけど、本来なら貯金から下ろせばいいだけの話なのにもかかわらず、なぜか保険に頼りたがる。これは『自分の貯金から下ろすと自分のお金が減るけど、保険だったら保険会社が払ってくれる』という風に考えるからなのだよ」

「でも、保険会社が払ってくれるというのはその通りじゃないですか？」

「そう、直接的には保険会社が払ってくれるけど、**そのお金は元々自分が払い込んだ保険料だよね。**もっと言えば、自分が払った保険料の中から保険会社の社員さんの給料や保険会社の儲け等、諸々を差し引いた残りのお金から支払われている。だったら自分の貯金を下ろすのと何ら変わりはない。むしろ貯金しておけば、もし病気や入院にならなかった場合、そのお金は他のことに使えるけど、保険料で払い込んでしまったら病気にならない限りは無駄になってしまうというわけだ。これは**メンタル・アカウンティング**と言って、同じお金でもその置き所によって全然印象が異なってくるという現象だ。

それに貯金は『下ろす』と言うけど、保険は『下りる』って言うでしょ。自分で下ろすものと、どこからか下りてくるという印象。こういうちょっとした言葉の与えるイメージも大きいと思うね」

「僕は自動車保険の例を聞いて、すっと腑に落ちました。対人補償は必要だけど、車両保険は必要かどうか微妙ですね」

「年間数万円の保険料で対人補償が無制限になるというのは、つまり**死亡事故などはめったに起こらないことだからなんだよ**。それに対して、車をちょっとこすったりすることは頻繁に起こりうる。だから保険料が高くなるんだよね。保険の原則を考えればすぐにわかること。こんな風に自動車保険だったらみんな冷静に考えられるのに生命保険や医療保険になると冷静になれずに何でもかんでも保険に入ってしまうというのは、やっぱり自分の健康や命に関わることだからなんだろうね」

「さきほどのお話の中では出てこなかったですけど、個人年金保険っていうのは必要ないんですか？　少し興味があったんですけど……」

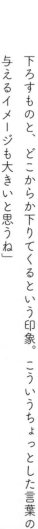

「今の時代だと**個人年金保険の必要性は少ないだろうね。**民間保険会社の個人年金保険よりももっと利用すべき有利な制度や仕組みはたくさんあるから、それを利用すべきだろう。それについては後ほど詳しくお話しするよ」

「僕は、国や会社の制度を知っておくことがこんなに大事だと思ってなかったですね。そもそも、そんなものは当てにしないほうがいいと思ってました」

「そうだね。当てにしないほうがいいというのはある意味健全だけど、**やっぱり当てにしていいんだよ。一番怖いのは、そういう制度を知らないことにつけこんで、金融商品を売り込もうとしている人たちの勧誘に乗ってしまうことだ**」

「なるほど、じゃあ、そういう制度は自分で勉強してしっかり知っておかなきゃいけないってことですね。そこのところ、もう少し詳しく知りたいなあ」

「そうだね。じゃあ、次に公的な制度の話をしてみようか」

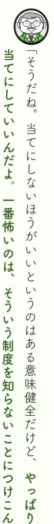

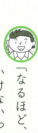

お金の原理原則⑪

この世で一番大切な保険

——社会保険

日本の社会保険は優れている

前項で、保険に入るべきかどうかはケースバイケースだとお話ししました。ところが誰にとっても一番大切な保険があるのです。それは一体何保険なのでしょうか?

答えは**「社会保険」**です。

社会保険というのは、公的な保険や社会保障の制度のことです。代表的なものは「公的年金」、「健康保険」などがそうです。基本的に**日本のこうした社会保障制度は他の先進国に比べると相対的に優れています。**なぜなら、年金も健康保険も原則は国民全員が加入しなければなりませんが、これによって最低限の生活及び医療負担をまかなうことが可能だからです。

意外と知られていませんが、公的年金は死ぬまで支給されます。前述の保険の原則から言えば、年齢が高くなって病気のリスクが高まるに連れて保険料が高くなるのは当然のはずなのですが、公的な医療保険においてはむしろ高齢になるほど負担が少なくなっているのです。まさに保険の本質である**助け合うという原理が、収益性を度外視しても極限まで徹底されているのが公的な社会保険制度**なのです。

最近ではこうしたことが原因で社会保障費が増大して、制度の維持が難しくなるということが懸念されているわけですが、逆に言えば、それだけ手厚く保障が行われているのだといってもよいでしょう。

したがって、自分で加入する保険を考える前に、自動的に、そして強制的に加入しているこれら社会保険がどれぐらい役に立っているのか、どれぐらいの保障があるのかをまず知っておくことが大切です。では1つの例を見てみましょう。

若いパパが死んだら残されたママは？

私の友人でファイナンシャル・プランナーをやっている前野彩さんという人がいます。彼女の著書で『本気で家計を変えたいあなたへ』（日本経済新聞出版社）という本があるのですが、この中にとても興味深い事例が出ています。

同い年で共に30歳の若い夫婦。奥さんは専業主婦で子どもは3歳と1歳の2人。さて、こういうシチュエーションはどうでしょうか？　おそらく絵に描いたような「生命保険に入らなきゃいけない」シチュエーションですよね。奥さんは専業主婦だからパパは一家の大黒柱。その若いパパがもし交通事故で死んだら、3歳と1歳のまだ小さい子どもを抱えたママは一体どうしたらいいのでしょう？　これは保険に入るしかない！　という状況に見えます。

ところが、このシチュエーションでもしパパが死んだ場合、残されたママがずっと再婚しないまま、90歳まで生きたとした場合、生涯に貰える遺族年金はいくらぐらいになると思いますか？　1000万円ぐらい？　500万円ぐらい？

答えは**約5474万円です！**

もちろん、これが全額一時にもらえるわけではありませんから、当面の生活費がどれぐらいかかり、そのうちどれぐらいが国からもらえるのかを計算しておく必要がありま す。さらにサラリーマンであれば会社から弔慰金などが出ることもありますから、その金額も併せて知っておいた方がいいでしょう。それに我が家の貯金の額を合計し、それでも生活に足らない部分だけを民間の生命保険でカバーすればいいのです。

医療保険に入ってなくても決して無保険ではない

同様に、今度は医療保険を考えてみましょう。年金同様、健康保険も我が国は国民皆保険ですから、制度は人によって異なるものの、何らかの健康保険には加入しています。そしてその健康保険には**高額療養費制度**というものがあります。通常、現役世代の人は病院で治療してもらうと窓口ではその3割が自己負担となりますが、**仮にその治療費が非常に多くなっても、自己負担分を一定金額以下に抑えることができる制度です。**

たとえば入院して月に100万円ぐらいになったとしても3割の30万円を負担する必要はありません。年収が約370万円~770万円の人の場合、実際に自分で負担する上限金額はたったの8万7430円です。

一家の大黒柱が亡くなったら？

家族構成

夫が亡くなった場合、
妻がもらえるお金はいくら?

遺族年金のグラフ

総額
約5,474万円
（老齢基礎年金を除く）

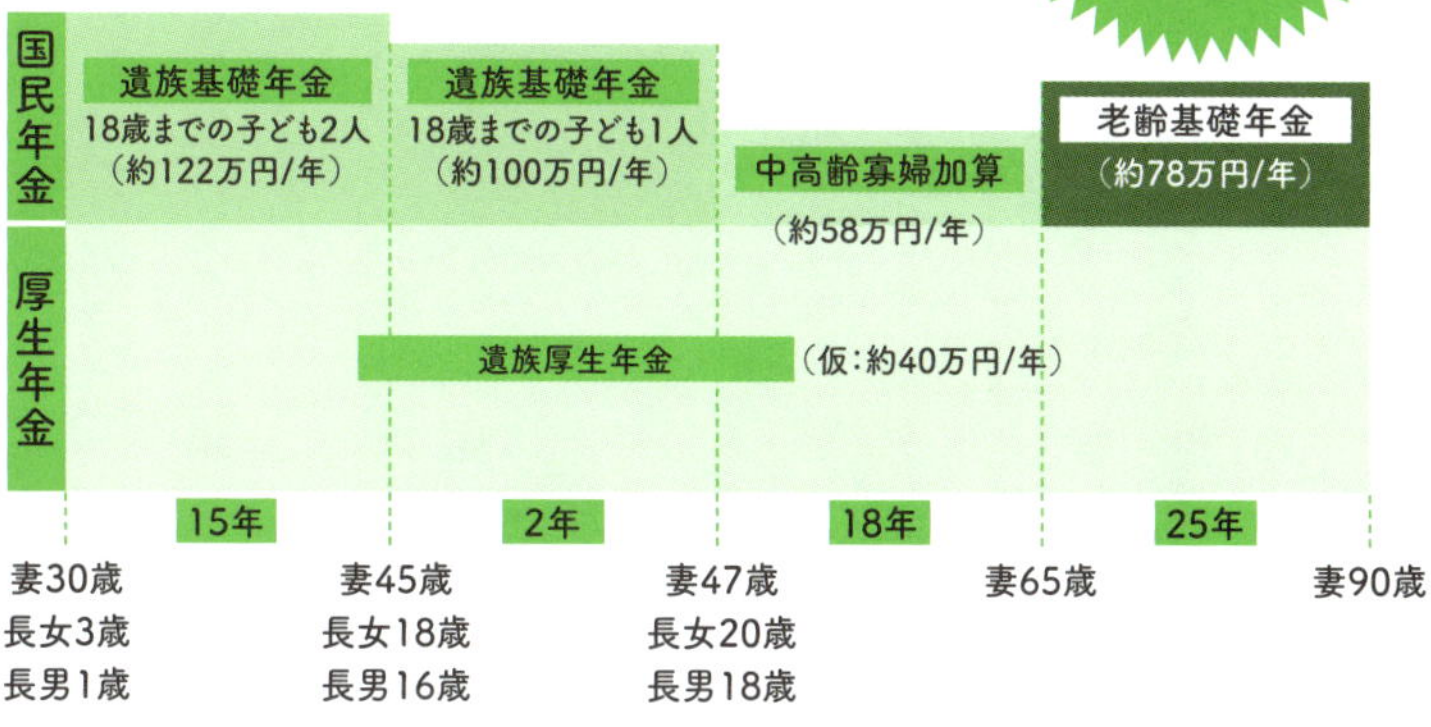

出所：『本気で家計を変えたいあなたへ〈第2版〉』（日本経済新聞出版社）68ページより一部加筆修正のうえ掲載

多くの人が誤解しているのは、**民間保険会社の医療保険に入っていないと、自分は無保険だから病気になったら大変なことになってしまうと思っていること**です。日本はこういう公的な医療保険制度が充実していますから、治療費だけを考えた場合、民間の医療保険に入る意味というのはあまりありません。もちろん、がん保険のように診断されるだけでまとまったお金が受け取れるというものであれば、入院が長期化した時の生活費の備えとしては一定の役割を果たすこともあるかもしれませんが、それもしっかり貯蓄していれば足りるでしょう。

まず社会保険をベースに考えるべし

このように、年金や医療保険はみなさんが考えている以上に充実しているのです。さらに失業給付をまかなう雇用保険や、障がいを負ってしまった時の各種給付等がありますし、介護、育児、休職、出産といった人生における重大なイベントにあたっても、国から支給されるお金が結構あるのです。このように**日本はかなり手厚い制度がある国ですが、多くの人はどんなものがあるのかを知りません。**結果として入らなくてもいい保険に入ってしまったり、あるいは過大な金額で保険に入りすぎてしまったりしているケースもよくあります。

まず大事なことは、**社会保険をベースに考えること**です。公的な制度にどんなものがあるのかをしっかりと理解しておくことが必要です。保険に加入するのはそれからでも決して遅くはありません。保険というのは一旦入ると比較的長い期間にわたって保険料を払い続けなければなりませんから、もし仮に不必要な保険に入ってしまうと、無駄なお金を延々と払い続けることになってしまいます。

さらに重要なことは**社会保険というのは原則、申請しなければもらえない**ということです。したがって、社会保険にはどんな種類があって、何かあった時にどれぐらい貰えるのかということを知っておき、そういう場合が起きた時には忘れずに申請することが大切です。社会保険労務士の試験を受けるわけではありませんから、それらの細かいことまで全部知っておく必要はありませんが、少なくとも手元にそういったガイド本を1冊や2冊は持っておいて、何かあった時、保険に入るかどうか検討する時には、まず社会保険を調べてから考えることをお勧めします。

ケンジ&マユミからの疑問・質問

「社会保険、名前だけは知っていましたけど、年金とか健康保険とか、そういうものだったんですね。あまりよく知らなかった！」

「若い人のほとんどはそうだろう。でも、君がもらっている毎月の給与明細を見てごらん。ちゃんと『健康保険料』が天引きされているはずだ。その他にも『厚生年金保険』とか『雇用保険』といった項目があるだろうし、40歳以上になったら『介護保険』という項目も追加される。これが社会保険料なんだ。**みんなが少しずつ社会保険料を負担しているから、誰かが病気になってもそれほど大きな負担をしなくても済む**し、後で話が出てくるけど、年金というのも死ぬまで貰えるんだ」

「でも、遺族年金って5000万円以上ももらえるなんてビックリでした」

「そうだろう。もちろん一度にもらえるわけじゃないけど、例え専業主婦の奥さんが若くして旦那さんを亡くしても、生涯にわたって一定金額は貰えるということがわかっただけでちょっと安心じゃないかな」

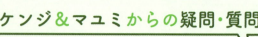

「そうですね、それは確かにそうです。でも保険会社の人は、『保険は家族への愛情』だっていうから、ある程度準備しておかなきゃだめだと思っていました」

「もうちょっとよく考えてみようか。たとえばさっきの例で30歳の旦那さんを亡くした奥さんは、ものすごく悲しいよね。でも、だからと言って一生泣き崩れて過ごすわけじゃない。悲しみはいつまで経っても癒えることはないかもしれないが、そうは言っても生活していかなきゃいけないわけだから、1年か2年かぐらいすれば、子どもさんを預けて働きに行くことになるよね。だとすれば、新しく仕事を始めたところでひょっとしたらまた素敵な男性に巡り合って再婚するかもしれない」

「そ、それは確かにそう……かも……う〜ん……」

「まあ、新しい出会いがあるかどうかは別として、少なくとも、旦那さんを亡くした若い奥さんが生活していくための方法は3つある。

①再婚して専業主婦を続ける
②自分で仕事を見つけて働き続ける
③一生遊んで食べていけるだけの金額の保険を手にする

現実的な選択肢は①か②だろうね。③は今の若い旦那さんにそれだけの金額の保険に入っておきなさいということだから、あまり現実的じゃない。でも、保険会社がCMで『保険は家族への愛情』と言ってるのは、③を暗黙のうちに示唆《しさ》しているのかもしれないね。自分の奥さんは絶対再婚しないという前提で（笑）」

「確かに！　言われてみれば、『僕のことを想い続けて一生再婚するな！』と言っているのに等しいのかも（笑）」

「そんな風に考えてみると、本当に大切なことは**旦那さんが亡くなって数年間は何もしなくても食べていけるだけのお金が用意できるか**ということだ。自分の蓄えに加え、旦那さんの会社からの弔慰金があるか、遺族年金がいくらぐらいか、そういうことを総合的に計算し、足らない部分だけ生命保険に入ればいいわけだ」

「それと、『高額療養費制度』というのも知りませんでした。これなら入院してたくさんの医療費がかかっても、それほど心配することはありませんね」

「そうそう、日本の社会保険制度というのは本当によくできているんだ。さっき、もし100万円の治療費がかかっても、月に8万7430円だけの負担で済むという話をしたよね。実は70歳以上の高齢者の場合はさらに負担が減る。もし70歳以上で、年収が156万円~370万円の人であれば、負担額は5万7600円になる。民間の場合、年齢が高くなればなるほど保険料が高くなるものだけれど、公的保険の場合はそういう原理を無視して立場の弱い人に手厚い仕組みになっているんだ。もちろん、その分は我々の税金が投入されているわけだけどね」

「なるほど、じゃあ僕らはもっと社会保険の勉強をしないとだめですね」

「ぜひ、そうすることをお勧めするよ。社会保障については、書店に行くとわかりやすい本がたくさん出ているから、そういった本で学ぶのがいいだろうね」

お金の原理原則⑫

年金は「貯蓄」ではなくて「保険」

年金がもし貯金だったら……

ここから、公的年金についてお話をしていきます。実は年金について多くの人が誤解していることがあります。それは、**年金を老後の生活をまかなうための貯金だと思っていること**です。貯金だったら払い込んだ金額以上に戻ってこなければ損になります。だから常に年金のことを損得でしか論じなくなってしまうのです。でも年金は貯金ではなく、保険なのです。保険というのは万が一に備えるものです。では年金の場合の万が一というのはどういう場合なのでしょう?

それは万が一、長生きした時のためです。長生きするのはうれしいことですが、それによって自分の貯金が底をついてしまっては大変です。ですから、年金というのは死ぬまで貰えるのです。

年金というのは「**賦課《ふか》方式**」といって、働いている現役世代が保険料を負担し、お年寄りに年金を支給する仕組みです。これだと少子高齢化に対応できないということで

「積立方式」に変えるべきだ、という意見もあります。「積立方式」というのは自分の年金分は自分で積み立てていって将来受け取るという方式なので、これは保険ではなく貯金になります。一見、これでもよいように思えますが、実は大きな問題があります。

まず、自分の寿命はいつまでかということは誰にもわからないということです。したがって予想以上に長生きしてしまうと積立方式で積み立てた分だけでは足りなくなる場合が出てくるかもしれません。ところが賦課方式の場合、「現役世代」対「引退世代」の比率に変化はありますから受け取る年金額が増えたり減ったりすることはあるものの、社会が消滅しない限り、受け取る年金がなくなってしまうということはありません。

また、貯金だったら、将来物価が上昇すると目減りする可能性も出てきます。そうならないようにするためにはある程度積み立てたお金を運用する必要がありますが、運用がうまくいかない場合、積立金が減るということも起こってきます。ところが賦課方式であれば、保険料は賃金の額に応じて決まりますから、物価や賃金が上がると年金支給額も同じように増えていきます。そもそも運用などという不確実なものに将来の年金受け取りを委ねなくても、その時代の現役世代の給料の中から支払うことによって安定的に支給を続けることができます。つまり**「貯金」である積立方式よりも「保険」である賦課方式の方が、全体としてはずっと安定度が高い**のです。

年金制度がなかったら、一番困るのは若い人たち！

また、もしこの公的年金制度がなかったらということを考えてみましょう。そんな場合、歳をとって働けなくなった人の生活は一体誰が支えるのでしょうか。昔、年金制度がなかった時代は親の生活は子どもが面倒を見るものでした。でもこの場合も同様に大きな問題があります。それは**家族によって状況がまったく異なるため、負担も大きく違ってくること**です。具体的にどういうことなのかを考えてみましょう。

大江家という家があります。両親は65歳で30歳の子どもが1人です。両親が引退した後、一切働かず、年金もない世の中の場合、仮にその両親が90歳まで生きた場合、生活費がどれぐらいかかるか。もし年300万円の生活費だとすると、（90歳－65歳）×3 00万円＝7500万円となり、この30歳の子どもは親の面倒を見るために7500万円を負担しなければなりません。これは正直言ってかなり厳しい話です。

ところが今度はB家という家では同じように両親が65歳でも子どもが4人います。B家の両親は75歳で亡くなったとすると生活費は先ほどと同じ年300万円の場合、(75歳－65歳)×300万円＝3000万円。で、4人の子どもで分担すれば1人750万円です。これなら何とかなるかもしれません。

つまり**年金制度というものがこの世の中に存在しなければ親の生活を支えるにしても社会的に大きな負担の格差が生じてくることになります。**年金制度の役割はこうした不公平をなくすということにもあるのです。

現実に公的年金制度が出来た歴史は比較的新しく、昭和30年代です。それまでは戦前からずっと親の面倒は子ども(それも長子が親の財産を相続したうえで)が見るというのが社会的な常識でした。ところが戦後の高度成長期で地方から都市へ若者が出ていき、核家族化が進んだことによって従来のような仕組みが成り立たなくなってきたことで、社会全体でお年寄りの生活を支える、言わば国ぐるみの仕送り制度として公的年金制度が出来上がってきたのです。

もしも年金がなかったら……

大江家の場合

両親が65歳・子ども1人⇒両親とも90歳まで生きると仮定

年300万円（生活費）×25年＝7,500万円

⇒子ども1人で7,500万円負担する

B家の場合

両親が65歳・子ども4人⇒両親とも75歳まで生きると仮定

年300万円（生活費）×10年＝3,000万円

⇒子ども1人当たり750万円の負担

➡年金制度がないと、若い世代に格差が生まれる

このように年金の本質は貯金ではなくて保険なのですから、**年金を損得で考えるのは間違い**です。仮に64歳で亡くなれば、ずっと保険料を払ってきたにもかかわらず、年金は一銭ももらえませんから明らかに損です。でも死んでしまえば損も得も関係ありません。いつ死ぬか、いつまで生きるかは誰にもわからないのですから、万が一長生きした時のことを考えて、死ぬまで貰えることが保証されている年金というのが必要なのです。

実際、損得だけを考えていたら保険には何も入れません。火災保険に入って何十年も火事に遭わなければ、それまでに払い続けた保険料はまるまる損ですが、それを言ってもしょうがありません。生命保険で大儲けしようと思ったら入った直後に死ぬことですが、死んでしまっては儲けも何もありませんね。

備える順番を間違えてはいけない！

若いうちから自分で老後に備えてお金を蓄えておくというのはとてもよいことです。でも子育てや教育、住宅といった目先の出費を考えると現実には将来に備えて今の消費を我慢するというのはなかなか難しいものです。だからこそ年金制度があるのです。もちろん公的な年金だけに頼っているだけでは十分に満足のいく豊かな生活は出来ないと思います。でも老後の生活をすべて自助努力でまかなうというのも無理な話です。やはり**公的年金というのはとても大切なものであるということを忘れないでほしい**のです。

サラリーマンの場合は、自動的に年金保険料が給与天引きで引かれていますから将来、公的年金がもらえなくなるということはありません。ところが自営業や非正規社員、フリーランスの人の場合は、自分で年金保険料を払い込まないと、いわゆる「未納」の状態になってしまい、将来、年金が受け取れないということになってしまいます。これは絶対に避けるべきです。

世の中には「老後の備えは年金を当てにせずに自助努力で！」とか、さらにひどいのになると「年金は破たんするから保険に入ろう」とか「投資信託を買おう」といって勧めてくる金融機関もあります。そういう悪質な勧誘に惑わされてはいけません。**制度は正しく理解して、保険料はきちんと納め、その上で自助努力をすることが大切です。**決して順番を間違えてはいけないのです。

ケンジ&マユミからの疑問・質問

「年金は『貯金』じゃなくて『保険』というのはとても新鮮でした！　でも人口が減少していくのなら、やっぱり賦課方式は危ないんじゃないですか？」

「確かに、今の年金制度は盤石ではない。しかし、それで年金がすぐに崩壊するということでもないんだ。そもそも正確に言えば、**賦課方式とは『働いている人』が『年金を受け取る人』を支えている制度**と言った方が正確なんだ」

「え、それってつまり、どういうことですか？」

「要するに、**年金における問題点は少子高齢化というよりも、働いている人が少なくなり、年金をもらう人が多くなってしまうこと**だね。だとすれば働く人を増やして、年金を受け取る人が減れば状況は改善される。女性や高齢者が働ける場を増やすこともその1つだし、高齢者の収入が増えて年金の支給開始を遅らせることができれば、支える分母が増えて支えられる分子が減ることになるから状況は改善する。万全とは言えないけど、極端な危機感を持つ必要もないと思う」

「それと、新聞の報道で、年金を運用しているところが損を出しているというのを目にしたことがあります。それって大丈夫なんですか？」

「それはGPIF（年金積立金管理運用独立行政法人）のことだね。確かにここが積立金を運用していて、それが増えたり減ったりしていることは事実だ。でも**その積立金というのは本来は年金の支給のためのお金じゃない**んだよ」

「え、そうなんですか！」

「そうなんだ。繰り返しになるけど年金は賦課方式、つまり今現役で働いている人が払い込んだ保険料が今の年金受給者に支払われている。だから1年ごとに決済される。ところが年金制度が始まった頃は、払い込まれる額の方がずっと多かったから毎年余剰金が発生していた。そのお金こそ、GPIFが運用している『年金積立金』なんだ。

この金額は今145兆円ぐらいあるけど、言わば**『年金の貯金』**であって、本来は支払いの原資というわけではない。だから、極論を言えばこれ自体はどうしても増やさなきゃいけないお金というわけではなくて、減らなきゃいいというぐらいに私は思っている」

「そうなんですね、私はこれが年金の原資だとばかり思っていました。だから、『私たちの年金は一体どうなるんだろう』と不安に思っていたんです」

「マスコミも仕組みまでちゃんと報道していないからね。でも、実際にはきちんと運用されていると思うよ。昔は、旧大蔵省の資金運用部というところが管理運用していたのだけれど、その後、2001年にGPIFに移った。以後の15年間で累積した利益は50兆円を超えていて、現在の145兆円になっているというわけだ。**マスコミは利益の上がっている時は小さい報道しかしないので年金の運用はうまくいっていないという印象を受けるけど、決してそうではない**」

「でも、要するに年金だけに頼っていてはいけないということなんですよね」

「その通りだ。わかりやすく言うとね、**年金というのは『国が死ぬまで支給して**

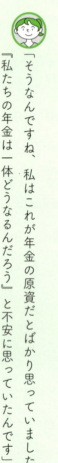

くれるお弁当』なんだ。だから飢え死にすることはない。でも量はそれほど多くないし、1日1食しか支給されない。だから年金弁当だけだとおなかが減るよね」

「わかりやすい例えですね」

「そう、だから**年金さえあれば最低限の生活はできるけど、決して満足のいくものにはならない。だから残りの2食は自分で何とかしなきゃいけないんだ。**人によっては、退職金とか企業年金があるかもしれないけど、期間が限られていたりするから、全面的に安心ということではない。やはり頼りになるのは公的年金。そして残りの2食分は、自分できちんと用意することが大切だということだね」

「今、『会社から』とおっしゃいましたが、私が勤めている会社にも**『企業年金』**という制度があります。それってもしかして大切なものなんでしょうか?」

「おやおや、それは老後の生活を支える3つの柱の1つと言われるほど大切なものなんだよ。では次に企業年金の話もしておこうかな」

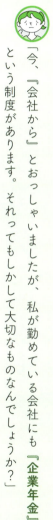

お金の原理原則⑬

知っておくべき「もうひとつの年金」の正体

企業年金の正体は

一般的に、「年金」と言われているのは、公的年金のことです。公的年金は名前の通り、公（おおやけ）の制度であり、国がそれを運営している仕組みのものです。ところが年金にはもう1つあります。それが**「私的年金」**です。こちらは運営しているのは国ではなく、企業であったり、国以外の公的機関であったりします。一方、保険会社の「個人年金保険」とか「じぶん年金」といった名前のものがありますが、それらは勝手に「年金」という名前をつけて売り出しているだけの金融商品です。

ここで言う私的年金とは国が運営しているわけではないものの、公的年金を補完するという位置づけから正式にオーソライズされた制度のことです。具体的には**「国民年金基金」「企業年金」「年金払い退職給付」「個人型確定拠出年金」**といった制度のことです。本書ではその違いや仕組みについては詳しく触れませんが、これらの中でも最も加入している人が多い、サラリーマンの企業年金について説明をしておこうと思います。

みなさんの中には、「企業年金」という言葉は聞いたことがない、という人が多いのではないかと思います。結論から言うと、**企業年金というのは退職金のこと**なのです。退職する時に一度にまとめてお金を受け取れば「退職金」、何年にも分けて延べ払いで受け取れば「企業年金」です。あたかも公的年金のように定期的に年金払いで受け取るので「年金」という名前がついているだけですが、本質は退職金です。

もっとも、厳密に言えばまったく同じというわけではありませんが、本書では概要を理解してもらうため、あえて同じと言っています。そもそも退職金というのは長年の勤務に対する功労報酬的な意味合いが強かったのですが、平均寿命が延び、退職後の生活期間が長くなったため、老後の生活を支えるためのものという意味合いが強くなってきました。そこで、年金方式で支払う企業年金が増えてきたというわけです。

もちろんすべての企業に「企業年金」があるわけではありません。主に大企業が中心ですので、企業年金のない企業の方が圧倒的に多いわけですが、人数ではおよそ民間企業サラリーマンの半数近くが何らかの形の企業年金に加入していると思われます。

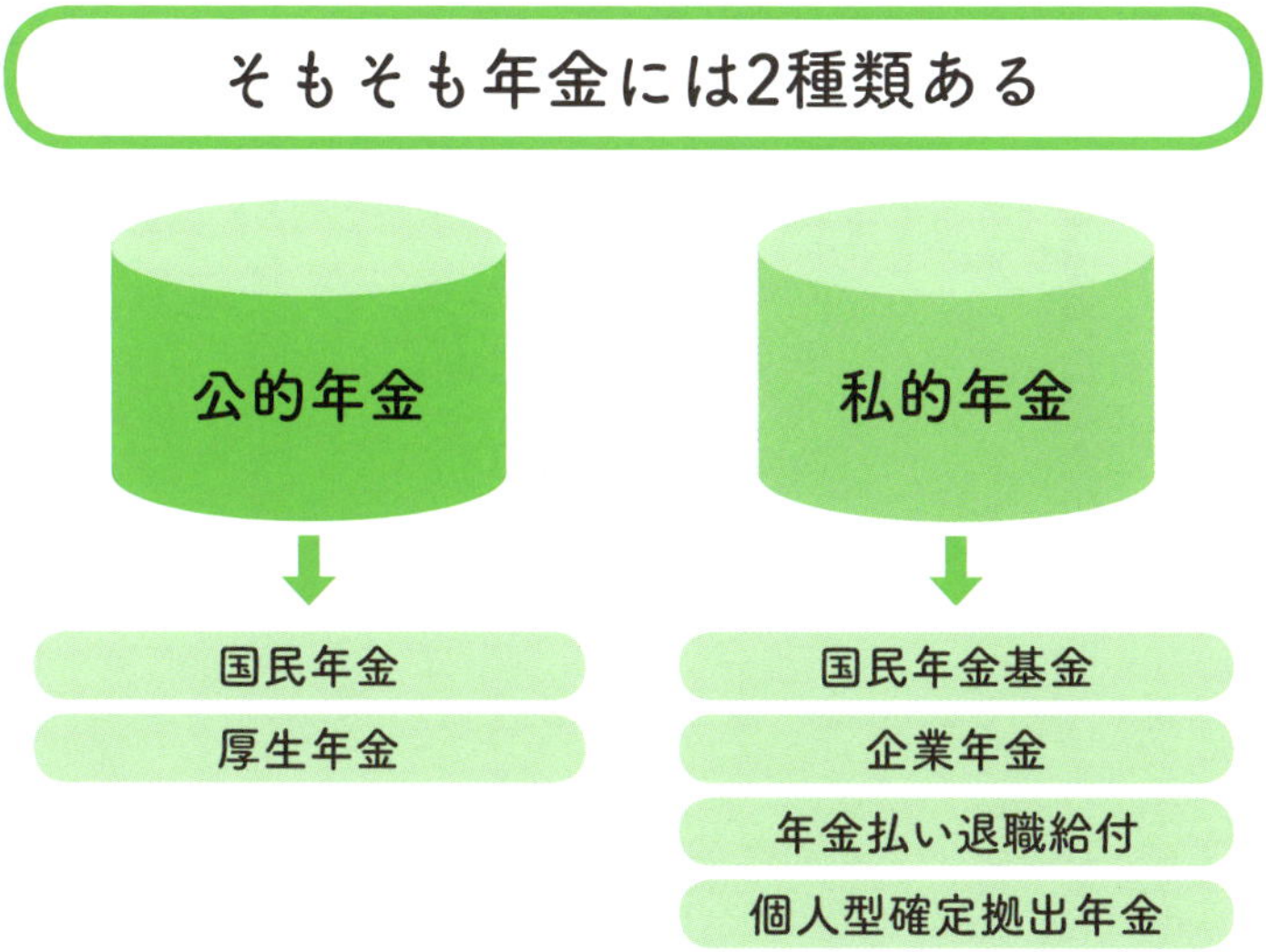

サラリーマンにとって、**老後の生活を支える3つの柱は「公的年金」、「企業年金・退職金」、そして「自分の蓄え」です。**アメリカでもこの3つの柱は同じ構造で、彼の国では〝Three Legged Stool〟（3本脚の椅子）と表現されています。

ところが企業年金は危機に見舞われた

前項で公的年金は「賦課方式」で運営されているという話をしましたが、企業年金は「積立方式」で行われています。社員が会社に入った時から、長い期間にわたってお金を積み立てていき、退職後に支払うという仕組みです。当然一定の利回りで運用するという前提で積み立てていますから、運用がうまく行っている間は順調ですが、悪くなり始めると予定通りには行かなくなるため、企業には追加負担が発生します。

そもそもわが国で企業年金が広がり始めたのは1960年代の前半です。その頃は高度成長期で運用も順調だったのですが、90年代に入ると市場が低迷し、低金利が続いて運用が厳しくなりました。おまけに2000年前後に、「退職給付会計」というものが導入され、それまでの企業年金の会計に比べると透明性が高くなり、評価方法も変わりました。その結果、企業年金の運用が不振で、その穴埋めで業績が大幅に下がったり、会社が傾きかけたりするというケースが出てきたのです。

今までにない新しいタイプの企業年金

そこでその当時、厚生労働省が中心となって行った企業年金改革の中で新しく生まれたのが**「確定拠出年金制度」**です。それまでの企業年金は将来の年金の支給額が決まっていました。つまり、年金の給付額が確定していたので、「確定給付年金」と呼ばれていています。ところが、長い期間運用を続けていくと、当然うまくいかない場合も出てきます。ということはつまり運用が予定通りにいかなかった場合、その分を穴埋めしなければいけなくなります。これは前述したとおりです。

確定拠出年金の場合、掛金を会社が出すところは同じですが、「確定」しているのは「掛金」つまり将来の支給額ではなく、**拠出するお金＝会社が出す金額が確定しているだけ**です。では会社が出したお金を誰が運用するのかと言えば、それは**社員1人ひとりが自分の年金分だけは自分で運用するという仕組み**なのです。

これによって社員が自分の年金を自由に運用することができる反面、うまくいけばいいですが失敗すれば将来受け取る年金が減ることになりかねません。そこで当初、この制度が始まった時には反対意見も多かったのです。ところが資産運用というものは非常に長い期間にわたって適切に分散投資すれば、そうそう損ばかりするものではありません。むしろ長期の運用であれば、定期預金等でずっと置いておく方がインフレで価値が目減りするリスクは高いと言えます。

このため、この新しいタイプの企業年金（といっても既に15年以上の歴史があります）

は次第に拡大してきています。現在、加入者は600万人を超えていますから、サラリーマンの5人に1人はこの制度に加入しているということになります。

企業年金と退職金、会社にも積極的に聞いてみよう

このようにもう1つの年金である企業年金はサラリーマンにとって、老後の生活を支える重要な手段の1つとなっています。ところが**多くの加入者は、自分がどんなタイプの企業年金に加入しているのかをあまりよく把握していません。**自分の老後を考える上でもこれらの仕組みはちゃんと理解しておく必要があります。

昔と違って最近では、会社の人事や総務に年金や退職金の制度を聞けば、ちゃんと説明したり答えてくれるところが増えてきました。中には、自社の制度やそれによって将来どれくらいの企業年金が受け取れるのかを積極的に社員に開示していない企業もありますが、そういうところは少数派になりつつあります。自分の将来のためにも、ぜひ会社に積極的に内容を聞いてみるようにしましょう。

確定給付年金と確定拠出年金の違い

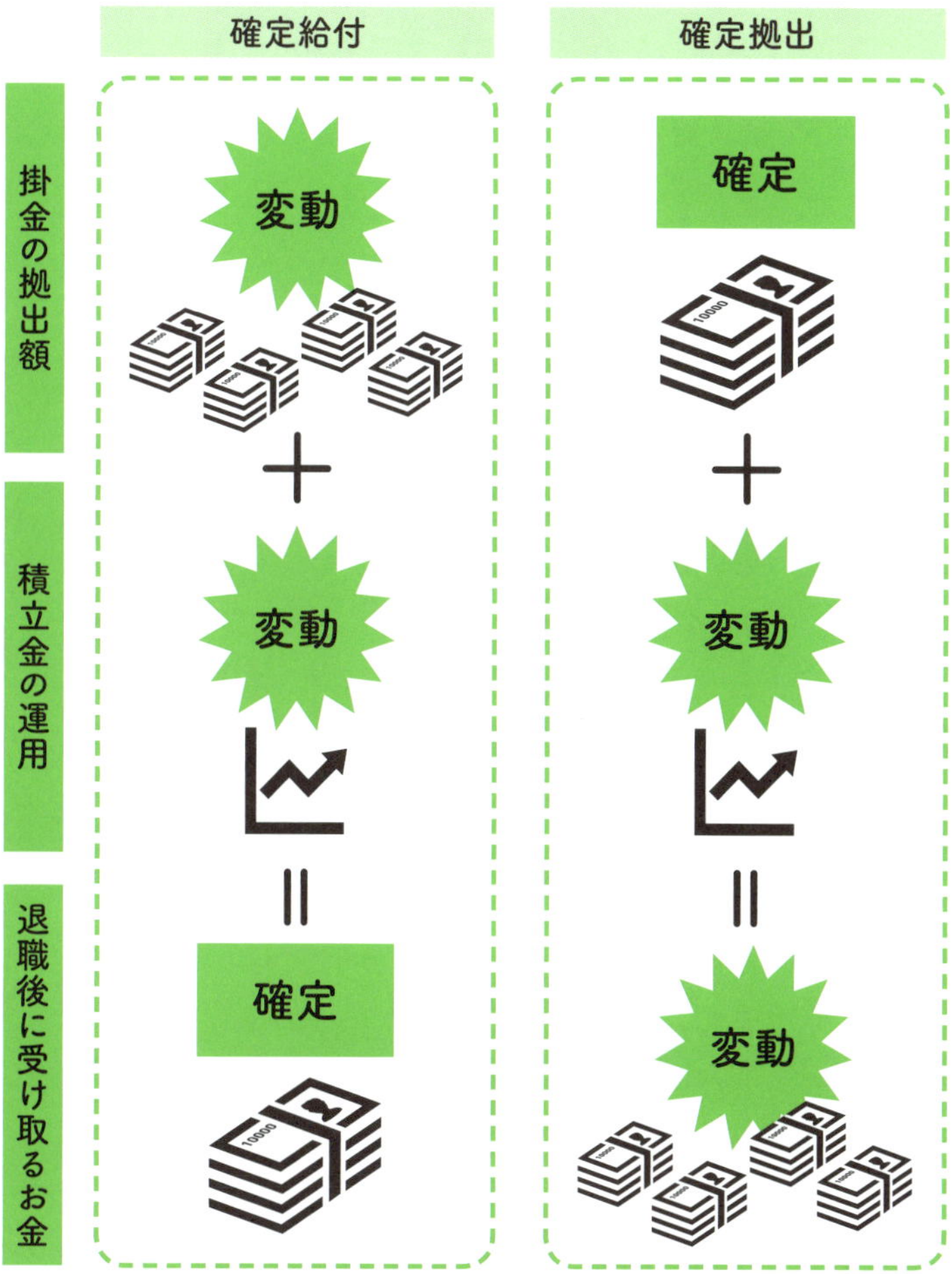

ケンジ&マユミからの疑問・質問

「公的年金と企業年金はまったく別のものなんですね。勉強になりました。最近は確定拠出年金が増えてきているということですけど、『将来もらえる年金が確定している』という従来の企業年金の方がずっとよいような気がするんですけど」

「それはその通りだね。確かにもらえる年金が確定しているのならそれに越したことはない。本当に確定しているのならね」

「え！　本当に確定しているわけじゃないんですか？」

「いや、もちろん最初は確定している。でも会社の業績が悪化したり、経営が危機に見舞われたりすると、当初予定した金額よりも減額されることはあり得る。実際そういう例はたくさんあるし、そもそも会社が潰れてしまったら、ほとんどもらえないという事態になるかもしれない。それともう1つ、従来の支給額が確定しているタイプの企業年金は、運用がうまくいかなくなって予定している金額よりも少なくなってしまった場合、会社がその分を穴埋めすることになる。そうだね？」

「ええ、そういう話でしたね」

「では、『会社が穴埋めする』っていうけど、この場合の会社って誰のこと？」

「え！　誰のことって……、会社は会社でしょう」

「うん。そうなんだけど、これってもっと突き詰めていくと、**『会社のお金で』って他人事みたいに言うけど、実はみんなが頑張って稼いだお金なんだよね。**もしそのお金が、年金運用がうまくいかなかった穴埋めに使われていなかったとしたら、それはみんなにボーナスとして分配されていたかもしれないお金だろう？」

「確かに！」

「だから**会社が穴埋めって言っても、それは結局自分たちで稼いだお金に過ぎないんだよ。**もしこれが社長さんのポケットマネーで穴埋めしてくれるのならこんなにいいことはないけどね（笑）。だから結局、こういうことなんだ。**『自分たちの利益が会社の運用の失敗の穴埋めに使われるのは嫌だ、それぐらいなら自分で運用するから、自分たちに渡してくれ』、これが確定拠出年金なんだよ」**

「なるほど、そう言われてみればそうですね。確定拠出年金が広がりつつあるっていうのは何となくわかるような気がします」

「そう、着実に拡大していっているんだよ。それに今までの企業年金と違って、この確定拠出年金は、**言わば『見える化』された年金だから、いつでも自分の残高や運用状況をネットで見ることができる。**会社に任せきりの企業年金とはちょっと仕組みが違うということだよね」

「そう、それで先ほどの話なんですけど、企業年金も自分で中身をきちんと把握しておかなきゃいけないということでしたよね。でも、それを会社に聞くっていうのは何だかちょっと抵抗があるなあ。『僕の退職金はいくらぐらいですか？』って、まだ若いのにそんなこと聞いたら、『なんだこいつ、会社辞める気か』って

思われませんかね？」

「ハハハ、確かに昔はそうだったね。でも最近は必ずしもそうではない。というのはそもそも退職金や年金を計算する方法が変わったからだ。昔は退職直前の給料の額に比例して退職金が決まっていた。これだと最終的に退職する直前まで金額がわからない。ところが最近ではポイント制といって、勤続年数や人事評価によってポイントが付与されていき、その積み上がった数字にポイント単価を掛け算した金額で決まるという会社が増えてきている。これならどの時点でも『もし今会社を辞めたら退職金がいくらもらえるか』という金額がはっきりする。だから**昔と違って、金額を教えてくれないということは、あまりないと思うよ**」

「なるほど、そうなんですか」

「それに、『何だこいつ、会社を辞める気か』と思われたのは昔の話。今だったら、『老後の生活設計を若いうちからきちんと考えているしっかりした奴だ』と思われて、人事評価が上がるかもしれないよ（笑）」

お金の原理原則⑭

最強の「じぶん年金」の作り方

老後のお金はなかなか貯められない

さて、ここまでは、公的年金と企業年金のお話をしてきました。整理すると、

1. 公的年金は決して破たん寸前でもないし、頼りにならないものでもない
2. 働けなくなる「老後」に備えて最も基本になるのは、終身で支給される公的年金
3. サラリーマンならそれに加えて、会社の退職金や年金もきちんと知っておくこと

といったことでしょうか。そしてこれらに加えて、自分でお金を準備しておくことも大切です。前にもお話ししたように、**公的年金とは「1日1食支給されるお弁当」**ですから、これだけでは楽しい生活を送ることはできません。それに大企業のサラリーマンならともかく、実際には退職金や企業年金のない会社もあります。そういう会社に勤める人は、自分で将来の生活をまかなうためにお金を用意しておくことが必要です。

ところが「自分で老後資金を作る」、というのは口で言うほど簡単ではありません。人間は遠い将来のことは価値を低く見積もってしまうからです。わかりやすく言えば、30年後や40年後の生活の安定のために、今旅行に行ったり、美味しいものを食べたりするのを我慢するのはなかなか難しいということです。

だとすれば、一体どうすればいいのでしょうか。答えは毎月の給料の中から一定額を積み立てていくことです。そしてそのお金は**いかなる理由があっても絶対に引き出せないようにしておくことです。**そうすることで、①無理なく、知らず知らずのうちにお金が貯まっていきます。そして、②途中引き出しができないので、気がつけばかなりの残高になっているものなのです。

かつ、老後資金づくりはできるだけ早く始める方がよいでしょう。時間があればあるほど積み立てによる効果は大きくなり、お金が増えていくからです。ところが、積み立てできる仕組みは色々ありますが、絶対に引き出せない仕組みというのはなかなかありません。どうしても引き出したければペナルティを払えば解約できるというものがほとんどだからです。ところがここにそういう条件に合った仕組みがあります。それが**個人型確定拠出年金（愛称：iDeCo）**です。

iDeCoは最強の老後資産形成法

最近、話題になってきているiDeCo。iDeCoは最強のじぶん年金と言っても過言ではない制度です。iDeCoは確定拠出年金の一種ですが、前項で出てきた企業型とはやや異なります。実質的な中身はほぼ同じですし、同じ法律に基づいて施行されていますが、制度の性格がまったく別ものなのです。

企業型は「企業が運営する退職給付制度」であり、個人型は「個人が自助努力で積み立てる資産形成制度」です。したがって、最大の違いは、**企業型はお金を出すのが主に会社、そして個人型はお金を出すのが自分というところです。**そして、生保の個人年金保険や個人で積み立てる投資信託などとは比べ物にならないぐらい多くのメリットがあります。具体的にどんなメリットがあるのか見ていきましょう。

1．所得控除による税金のメリット

所得控除と言われてもよくわからないかもしれませんが、年末調整でお金が戻ってくると言われると、すぐにピンと来るでしょう。このｉＤｅＣｏは**積み立てた掛金が、自分の所得から全額控除されるので、所得税、住民税ともに安くなります。**具体的に、30歳で年収４２０万円のサラリーマンが毎月２万３０００円（これが積立額の上限金額です）を積み立てた場合、どれくらい安くなるのでしょうか。

年収は４２０万円ですが、各種控除を引いて、税金がかかる課税所得が２００万円というケースで考えてみましょう。住民税は一律で10％と決まっており、所得税は収入に応じますが、この場合はこちらも10％程度と考えます。すると、ｉＤｅＣｏを使っていない場合の年間課税金額は、住民税と所得税合わせて200万円の10%×2＝40万円になります。

これがiDeCoで毎月2万3000円を積み立てていた場合、年間で2万3000円×12か月＝27万6000円が課税所得から引かれるので、172万4000円が課税所得になります。そうすると、住民税と所得税合わせた年間課税金額は172万4000円の10%×2＝34万4800円になります。

つまり、**iDeCoを使った場合は年間で差額の5万5200円、税金が戻ってくる計算になります。**30歳から60歳までの30年間積み立てを続けると、165万6000円もの税金が戻ってくることになります。これは生保の個人年金保険とは比べ物にならないくらい大きな控除額です。税金の面で見ても、iDeCoは最強の積み立て方法と言っていいでしょう。

2．運用のコストが安い

運用のコストというのは税金と手数料のことです。普通、金融商品を購入すると必ず

iDeCo のメリット①

所得控除による税金のメリット

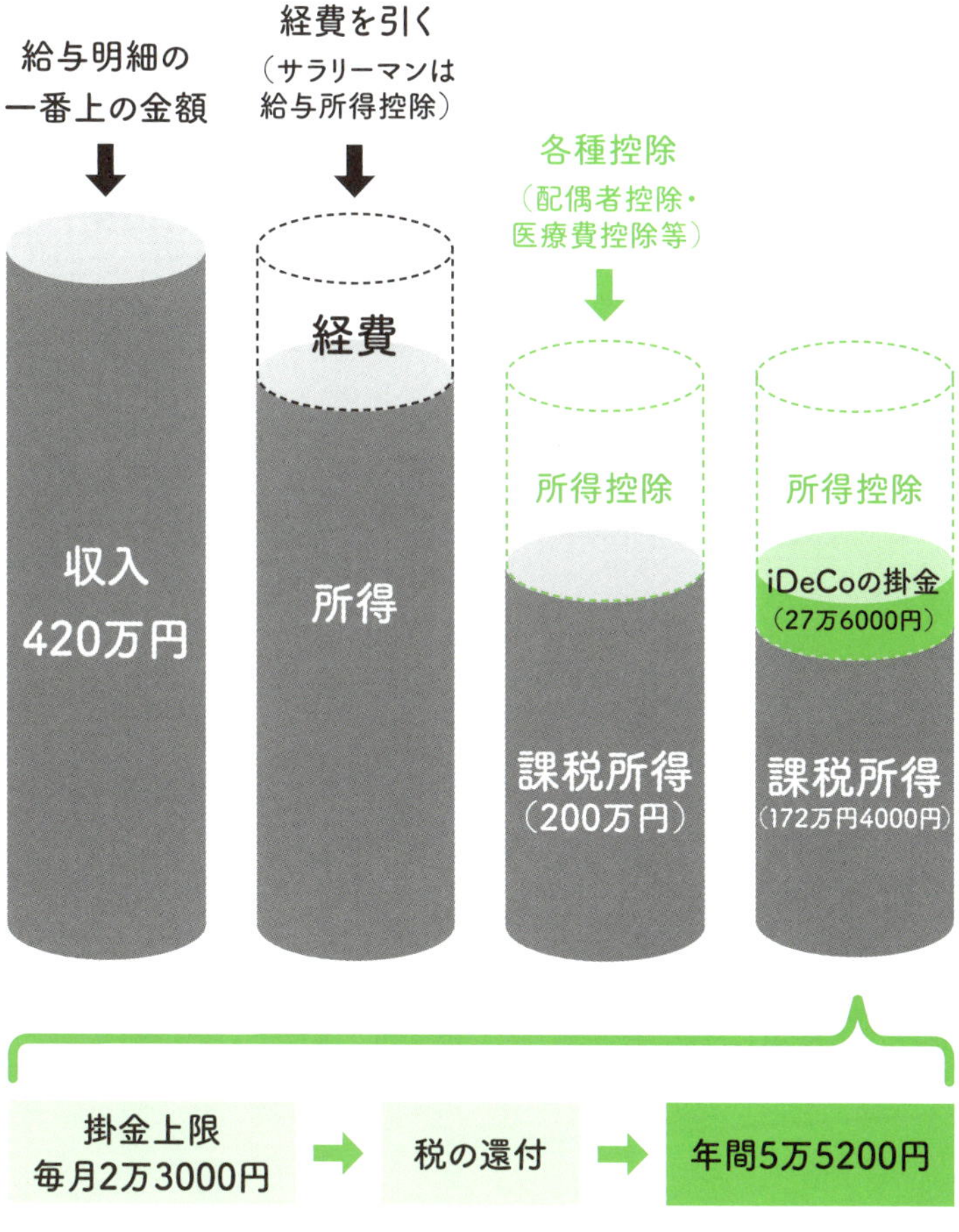

iDeCo のメリット②

運用のコストが安い

【前提】
毎月2万3000円を30年間積み立て、平均年3％で運用した場合

積立額累計：828万円
課税で運用した場合の元利合計　⇒1,209万円
非課税で運用した場合の元利合計⇒1,339万円

その差は **130万円**

利息や利益に対しては一律で20％の税金がかかりますが、iDeCoの場合、**その運用益に対して税金はまったくかかりません。**さらに運用対象を投資信託にした場合、投資信託を持っている間、毎年かかってくる運用管理費用があります。iDeCo向けに作られた投資信託はこの運用管理費用が他の一般の投資信託に比べてかなり安いのです。これらのコストがどれくらい安くなるか、ちょっと計算してみましょう。

先ほどの例と同様、2万3000円を30年間積み立てた場合、積立額は828万円となります。仮に年率3％で

運用できたと仮定すると、運用益に対して20％かかる税金を引いた手取りの金額は１２０９万円になりますが、もし税金が一切かからないとすれば増えた元利合計は１３３９万円になります。**何と、その差は１３０万円です。**

また、投資信託の運用管理費用でいえば、同じカテゴリーの商品でも倍近く違うことがあります。具体的な例で言えば手数料が０・23％と０・56％とを比べると（これは実際にある例です）、先ほどの例で計算した場合、その差額は42万円にもなります。いかにｉＤｅＣｏを利用して積み立てることがローコストであるかということでしょう。

3．老後資金が保全される

60歳までは絶対に下ろせないというのがこのｉＤｅＣｏの特徴です。これをデメリットだという人もいますが、**私は逆にこれが最大のメリットだと思います。**前述したように人間は遠い老後に備えてお金を積み立てていくというのが本来は苦手です。だとすれば普通に使う予定のお金であればデメリットかもしれませんが、ｉＤｅＣｏのように老後の生活資金ということがはっきりしている積立制度にとっては、「下ろせない」というのはメリットのはずです。結果的に老後資金が保全されることになるからです。

そして誰でもできるようになった

このようにiDeCoには数々のメリットがあるのですが、もともとは、一部の人しか利用できませんでした。自営業者やフリーランス、非正規雇用の方々、そして企業年金がない、主に中小企業に勤めるサラリーマンの人たちです。つまり年金があまり手厚くない人たちが利用できるような制度になっていたのです。

ところが2017年1月からは一部の例外はあるものの**原則として誰でも利用できるようになりました。**これは、老後の備えに対して、程度の差こそあれ、誰もがきちんと自助努力で備えることを考えるべきだという国からのメッセージだと私は思います。

もちろんこれまでも老後の生活についての危機感や高い意識から、自分で積み立てをしてきた人は多いと思います。でもこのiDeCoは、老後資産形成にはどの方法よりも最も適したやり方であることは間違いありません。特に**若い人はなるべく早く、そして少額でもいいから始めることが大切だと思います。**

ケンジ＆マユミからの疑問・質問

「公的年金や退職金・企業年金がとても大事だということはわかりましたが、それ以外にも自分で備えることが大切だということですね」

「そうだね。その理由は2つある。それは公的年金や企業年金があれば、少なくとも生きていくことは可能だけれど、**それだけでは必ずしも自分のやりたいことをやったり、好きな暮らしをしたりすることができないかもしれないということ**。そしてもう1つは将来起こってくる介護や自分が動けなくなって施設に入所することも考えた場合、**現金を持っておくことは何よりも心強い**からだ」

「なるほど。ところでさっき同じ確定拠出年金（DCとも言います）でも企業型と個人型があるというお話でしたが、どちらに加入するのがいいんですか？」

「もし君が勤めている会社に企業型があれば、おそらく既に企業型の加入者になっている可能性が高いと思う。でももし企業型がないのであれば、ぜひ個人型に加入することを勧めたいね」

iDeCo 掛金の月額上限額

区分		月額上限額
自営業等		68,000円
民間企業	企業年金なし	23,000円
民間企業	企業年金あり（DCなし）	12,000円
民間企業	企業年金あり（DC含む）	12,000円
民間企業	企業型DCのみ	20,000円
公務員		12,000円
専業主婦（夫）		23,000円

DC：確定拠出年金

「なるほど、で、個人型に入る場合、先ほどのお話では毎月2万3000円が上限ということでしたが……」

「そう、**掛金の上限金額はその人の状況によって全部異なる。**詳しくは上の図を見てほしいけど、自分がどこに当てはまるのかはしっかりと確認しないといけないね」

「えーっと、僕の会社は何も年金とかないはずだからやっぱり月々2万3000円か」

「公務員だったら、上限は1万2000円なのね」

「でも月々２万３０００円って簡単に言うけれど、今の給料からそんなお金を出すのは結構大変ですよね」

「それはそうかもしれないね。でもこれはとても大事なことだからやっておいたほうがいい。だからまずは毎月の自分のお金の使い方を見直してごらん。きっと積み立てできる原資が出てくると思うよ。たとえばこの章の最初に説明したけど、無駄な保険に入っていないかい？　君が独身なら生命保険に入る必要があるかどうかをまず考えるべきだよね。他にも無駄な保険に入っていないかどうか調べたほうがいい。『個人年金保険』なんかに入るよりもこちらのほうがずっと税金のメリットも大きいからね」

「なるほど、それはそうですね。早速、見直してみよう！」

「あと、会社の帰りとか出社前に毎日、無意識にコンビニに寄ってないかい？」

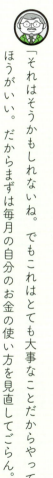

「あ、僕、けっこう寄ってます……」

「そこでペットボトルを買ったり、ちょっとしたお菓子を買ったりすると毎日2〜300円ぐらいは知らないうちに使ってしまってるんじゃないかい？　それを止めるだけでも毎月5000円ぐらいの余裕が出てくる。そのお金をiDeCoに回せばいいんじゃないかい？」

「なるほど、でもiDeCoは月々2万3000円じゃないんですか？」

「いや、さっきの図に出てきた金額はいずれも上限だから、その金額以上は積み立てられないということであって、最低これだけやりなさいということではない。**積み立ての最低金額はiDeCoの場合は月々5000円、そこからは1000円単位で自由に決められるんだ**」

「でも、私は〝投資する〟っていうのが何だか苦手なんですよね。だからiDeCoをやるのはちょっと抵抗があります」

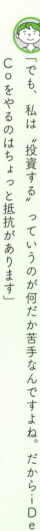

「iDeCoというのは商品の名前じゃなくて制度のことなんだ。だから**必ず投資をしなきゃいけないということはない。**iDeCoで定期預金だけすることだって可能なんだよ」

「あ、そうなんですね。じゃあ安心してできますね」

「でもやっぱりiDeCoは投資信託で積み立てた方がよいって先輩が言ってましたけど、それはどうなんですか？」

「うん、それはその先輩が言うのは正しいね。**運用した利益に一切税金がかからないのだから、できるだけ高い収益が期待できるもので運用するのは原則だ。でも自分がわからないもの、納得できないものに投資するというのはあまりよくない。**だからわからないうちは定期預金から始めたって別に構わないんだ。

でもずっと定期預金だったらもったいないし、別な意味でのリスクもあるから、もし5000円から始めるにしてもそのうちの1000円とかぐらいは投資信託で始めてみるのもよいと思うよ」

「あ、積立額の中でいろいろと運用商品を分けることができるんですね」

「そう、**自分の掛金を1%単位で分けて配分することもできるんだ。**詳しくは確定拠出年金に関する本を読んだほうがいいだろうね（巻末参照）」

第4章
つかう章

賢い
クレジットカード
の使い方

やってはいけない
リボ払い

車や自動車
どう買うべき?

自分への
投資は
役に立たない?

収入よりも
収支が
大切?

人のため
にこそ
お金を使え?

さて、いよいよ最後は「つかう章」です。ひょっとしたらお金のことで一番大切なのは「つかう」ことかもしれません。なぜならお金というのは、使うためにあるからです。

いくら上手に増やしても、上手に使えなければ何にもなりません。人生の目的はお金を稼ぐことではなく、お金を上手に使って楽しく過ごすことだからです。

ところが、ここでもお金の使い方を間違っている例がたくさん見受けられます。一見有効なように見えて実は大きな無駄遣いをしていたり、必要のないものにえんえんとお金を払い続けていたりするケースはいたるところにあります。そういう無駄を少し見直すだけでお金のポジションは劇的に変わります。

特に、お金を使う上で最初に申し上げておきたいことがあります。それは、

#「節約」は一切勧めていない

ということです。欲しいものを我慢するというのはストレスが溜まるからです。欲しいものがあってお金があるのであればそれは買えばいいのです。

むしろ気が付いていないところで何気なく無駄にお金が使われているものがたくさんあります。そういうものにメスを入れ、不要なものからはお金を引き上げて、必要なものへ回していく……。

この章ではそんなことができるようになるヒントをたくさん紹介します。お金は有効に使うことでさらに増えていくものなのです。

お金の原理原則⑮

収入よりも収支が大切

サラリーマンなんてお金持ちにはなれない、という誤解

「どうやったらお金儲けができるだろう」と考えている人は多いと思います。少しでも収入の高い仕事を選びたい、どうすれば収入がアップするだろうか、といったことについては、誰もが多かれ少なかれ、関心を持っていると思います。

ところが、**世の中には楽をして儲ける方法というのはありません。**一時的には楽をしているように見えても、長い期間で見ると、投入した労力と取ったリスクに見合った分だけしか儲けることはできないものです。これはおそらく永遠の真実なのですが、多くの人はそれを実感としてあまり感じていないように思えます。

また、多くの人が「お金持ち」について誤解しています。一般的にお金持ちのイメージと言えば、企業のオーナーやお医者さん、タレントといった人たちばかりで、普通のサラリーマンではお金持ちなんかになれっこない、と考えている人が多いのです。

そういう人たちは、株式投資で儲けようとか、マンションのオーナーになって収入を得ようと考えたりしますが、そういったものには常にリスクがあります。リターンというのはリスクの見返りにしか得ることはできませんので、リスクをコントロールする技術がないまま、いたずらに投資しても決してよい成果は得られません。

そもそも、**サラリーマンがお金持ちになれないというのが大きな誤解です。**確かに企業オーナーやタレントなどは一見華やかでお金をいっぱい持っているように見えますが、彼らは常に収入が不安定です。事業をやっていれば浮き沈みは付き物ですし、タレントはよい時と悪い時の差がもっと大きいでしょう。つまり収入が読めないのです。一方、支出はある程度読めるかもしれませんが、タレントや社長であれば、自分の置かれている立場から、どうしても生活は派手になりがちで過大な支出になる傾向がありますす。それに企業経営者であれば、設備投資や商品の仕入れなどを急にしなければならないこともありますから、意図せざる支出に悩まされることになりかねません。

これに対してサラリーマンはどうでしょう？　給料は毎月決まっていて安定しています。最近はリストラも多いので、昔に比べると安定性はなくなりつつありますが、それでも企業のオーナーやタレントに比べれば安定しています。さらに支出も人によって差はあるものの、普通に生活をしていれば極端に波があるということもないでしょう。

したがって、**むしろサラリーマンの方が、しっかりとお金を貯めることができるのです。**実際、私もこれまで豊かにお金を持っているサラリーマンの人を何人も見てきましたが、彼らは別に副業をやっていたわけでもなければ、積極的に投資をしていたということでもありません。

入るを計りて出ずるを制す

では彼らは一体どうやってお金を貯めることができたのでしょうか。昔からお金を貯める根本は「入るを計りて出ずるを制す」ことだと言われます。できるだけ多くの収入が入るようにし、支出はなるべく抑える。もっと簡単に言えば、**収入の範囲内でしかお金を使ってはいけない、ということです。**これはごく当然のことなのですが、実際には多くの人が実行できていません。その最大の理由は収入にばかり気を取られて、支出の管理がおろそかになっているからです。

世の中には年収が1000万円以上であるにもかかわらず、いつもローンで苦しんでいる人がいる一方、年収が300万円でも結構な貯金額を持っている人もいます。大切なことは収入ではなく、収支なのです。支出をコントロールするための方法は、実にさまざまです。それだけで本が一冊書けてしまうぐらいたくさんありますが、大切なことに絞ると次の3つだけだと思います。

①まずは数字を把握する

支出を抑えるためのノウハウ集めややたら節約に走る前に、**まずは実際の支出額がいくらぐらいなのかを把握することが最初にやるべきこと**です。具体的に何にお金を使っているのかがわかっていなければ対策の打ちようがありません。ところが意外とこれをやっていない人が多いのです。今はとても便利な家計簿アプリもありますので、まずは実態を把握することから始めるべきです。

②過度に節約をしない

支出のコントロールというと、まず考えがちなのが節約です。でも私の長い経験で言

支出のコントロール　3つの原則

❶ まずは数字を把握する

実際の支出額を
把握する

❷ 過度に節約をしない

必要のない
固定支出を減らす

❸ お金を見えるところに置かない

お金を貯める方法は
給与天引き以外ない

えば、節約というのは、ほとんどうまくいった試しがありません。一時的には多少の効果があるかもしれませんが、長続きしないからです。なんでもかんでも節約するのではなく、支出の中身を確認した上で、**自分にとって必要のない固定支出を減らすことを考えた方がよいと思います。**だいたい、使いたいのに使えないというのは案外ストレスが溜まるものなのです。そこで次にやるべきことはお金を見えないようにすることです。

③お金を目に見えるところに置いておかない

これは「ふやす章」でもお話ししたことですが、**お金を貯める方法は給与天引き以外にないということです。**と同時に給与天引きというのは支出をコントロールするためにも一番よい手段なのです。最初から一定金額を天引きしてしまえば、残ったお金で生活するしかありません。結果として不要な支出は削られることになるでしょうし、一方で天引きされた分は確実に貯まっていくからです。

「となりの億万長者」の正体は……

今から20年ほど前に出版された『となりの億万長者』（原題：The Millionaire Next

Door)という名著があります。この本はよくありがちなお金持ちになるためのノウハウ本ではありません。アメリカにおいて実際に純資産100万ドル以上を持つ人たちにアンケートやインタビューを行い、彼らの行動や思考が本当のところはどのようなものであり、何が彼らを億万長者にしたのか、ということを丹念に調査してまとめたものです。

それによれば、お金持ちというのは、別によい車に乗っているわけでも、毎日豪華な料理を食べているわけでもなく、ごくごく質素に暮らしているという人たちなのだそうです。決して派手なことはせず、地味に生きているけど資産をたくさん持っている。なぜそうなったのかという理由はいろいろありますが、決定的なことは**「収入以上にお金を使わなかった」**というたったそれだけのことです。

「収入を増やそう」、「お金を儲けよう」と必要以上にリスクを取ってリターンを狙っていくよりもまじめに働いてスキルアップし、昇給や昇格を求めたほうがはるかに効率はよいということでしょう。それにくわえて、支出管理ができる仕組み作りを考えること、要は**「収入よりも収支」だとしっかりと認識しておくことが何よりも大切なこと**です。この基本原則を若いうちから実行することこそ、お金持ちへの近道なのです。

ケンジ&マユミからの疑問・質問

「僕はどうやって収入を増やすかばかり考えていました……」

「もちろん『稼ぐ』ことはとても大切だ。ただ、稼ごうと思ったら、それなりのリスクを取らなければならない。これは別に投資の話だけではなく、世の中のあらゆる商売や事業はリスクを取らない限り、リターンを得られないんだよ」

「でもサラリーマンの場合は、別に仕事でリスクを取らなくても給料は毎月ちゃんともらえますよね？」

「もちろんだ。でも、**リスクがまったくないというわけじゃない**。いつ望まない部署へ異動させられるかわからないし、場合によってはリストラだってあるからね。でも自営業の人に比べたらリスクはそれほど高いわけじゃない。だから収入もよほど偉くならない限りはそれほど多くないのがサラリーマンだ」

「だから、何か別の方法で儲けたり、収入を増やそうと考えたりするわけですね。でもそれはあまりよいことではないと……」

「悪いとは言わないけれど、順序を間違えないことが大切だ。まず考えるべきことは、たとえサラリーマンであったとしても**仕事でベストを尽くしていい結果を出すことだ**。それによって昇格や昇給で収入は増えるからね。その事実を無視して何か別の方法で手っ取り早く儲けようというのはあまり感心しないということだ」

「私は3つの大切なことの中で『節約しない』というのが結構驚きました。節約は本当にしないほうがいいんですか?」

「節約が悪いことだと言うつもりはない。でも節約というのは必要なもの、欲しいものでも我慢しなくちゃいけない、というイメージがあるよね。もちろん何でもかんでも欲しがるのはよくないけど、やはりお金を稼ぐ目的は使うためなんだし、もっと大きく言えば人生の目的は楽しく生きていくことにあるわけだ。だから、何かの目標を達成するため、ごく短期間の節約をするというのならまだしも、**生活を全部節約だらけにしてしまうと本末転倒なことになってしまう**。だいいち面白くないよね」

「ええ、それはそうですけど、やっぱり無駄遣いしないことは大切じゃないかと思うんですけど」

「そう、無駄遣いはしないほうがいい。ただ、日々の生活での無駄遣いより以前に、もっと大きい問題は**無駄な固定費を見直す**というところにあるんだ」

「固定費、ですか？」

「そう、固定費というのは毎月決まった金額で支出しているもののことを言う。だいたい節約というと、『電気をこまめに消す』とか、『お風呂のお湯を再利用しよう』とか、『使えるものは最後まで使おう』といった事柄になりがちだよね？　でも、電気代や水道代といった支出は、**よほど極端な使い方をしていない限り、どこの家庭でも大差はない。だから実はあまり大した効果はないんだ**」

「え！　そうなんですか！」

「うん。そういう細かい節約なんかよりも**毎月決まったお金をごく当然のように思って支出しているものの中にこそ見直すべき無駄があることが多い。**たとえば、前にも話をしたけど無駄な保険がその代表だね。それから、定期的に払っている会費や雑誌、新聞代の中にも、本当は必要ないのに何となく惰性で続けているものがあるかもしれない。他にはローンの金利なんかもそうだね。これはちょっと長くなるから次のところで話をしたいと思う」

「それから『となりの億万長者』のお話の中で、収入以上にお金を使わないということが最も大事なポイントだと言われていましたが、でもそれがなかなか難しいんですよね。やっぱり欲しいものややりたいことがあると使っちゃいますよね」

「そうだね。言うのは簡単でも実行するのは難しいのは事実だ。だからこそ、**『仕組化する』**、**『ルール化する』ということを地道にやっていくしかない**んじゃないかな。何度も言っているけど、給与天引きでお金を最初から見えないところへ持って行ってしまうというのは一番効果的なやり方だと思うよ」

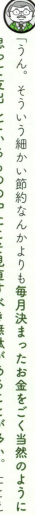

お金の原理原則⑯

利息はもらうもの、払ってはいけない!

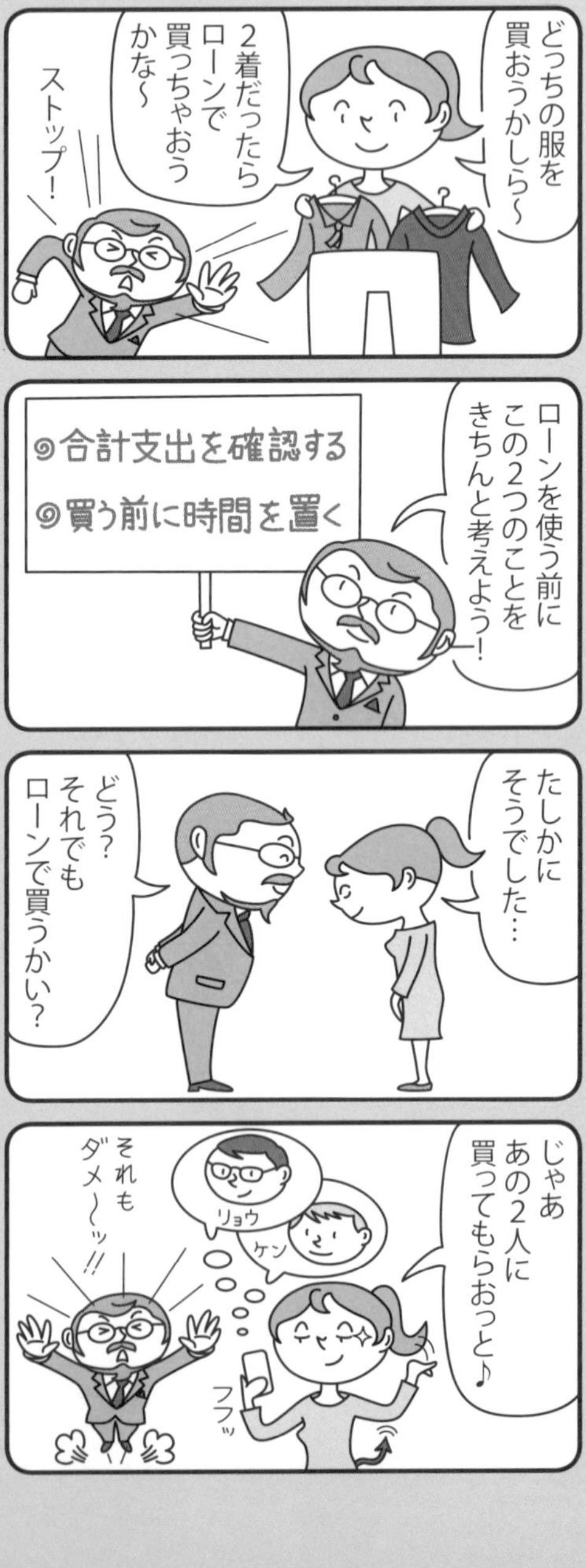

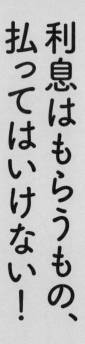

金利はお金の使用料

人生でお金を作ろうと思ったら収入よりも収支を気にしなさい、というお話をしましたが、その中でも支出、特に無駄な支出をいかにうまく削るかということが極めて重要です。特に、定期的に決まった金額を何も考えずに払い続けている固定費は最大の注意項目です。これまでには入る必要のない無駄な保険を例に挙げましたが、**保険と同じぐらい人生における大きな無駄だと思われるのがローンです。**

ではローンの一体どこが大きな無駄なのでしょうか？　ローンを利用することは、お金を借りることですが、それに伴って負担していかなければならないのが金利です。私は**この金利こそが最大の無駄である**と思います。まずはローンを利用することによって支払う金利というものの本質というところからお話を始めていきましょう。

金利の本質とは一体何でしょう。それはひと言で言えば**「人のお金を使わせてもらう使用料」**です。一定期間、お金を使わせてもらうことによって、その使用料である金利を支払い、期日が来たら使わせてもらったお金を返すという行為がローンです。

ここで質問です。レンタカーや各種リースなど「何かを借りて使用料を払うサービス」に共通することは何でしょう？　それは、**買うよりも借りるほうが安上がりだということです。**自動車で言えば、しょっちゅう乗らないのであれば車を買って持っておくよりも必要な時だけ借りれば維持費もかからないし、その方がずっと合理的です。

ローンの場合もこれと同様に経済合理性を考えることがとても重要です。たとえば企業の場合だとこれははっきりしています。仮に銀行からお金を借りて、その金利が年率5％だとします。この場合に支払う金利5％がそのお金を借りる使用料です。ところがその企業がそのお金を借りて事業をした場合、仮に利益率が10％になるのであれば、使用料＝コストである5％を払ってもまだ儲けが出てくることになります。つまり、**使用料を払ったとしてもそれを上回る利益が見込める場合にローンは活用するもの**なのです。

では個人の場合、ローンを組んでお金を借りることでどんなメリットがあるのでしょうか。住宅ローンの場合を考えてみましょう。将来値上がりすることが確実であれば、お金を貯めて買うよりもローンでお金を借りて早く買っておいた方が得をすることになります。しかしながら、将来のことは誰にもわかりません。また、旅行に行ったり、買い物をしたりするのにローンを組むということは楽しみを早く享受できるというメリットはありますが、それは単なる楽しみの先食いであって、残った借金を支払わなければならないという苦しみが待っています。

したがって、これらの場合には必ずしも借りることのメリットのほうが大きいとは言えません。つまり、**個人がお金を借りて何かをすることによる経済的なメリットはほとんどないのです。**ローンを利用した場合、お金を貸してくれるところが儲かるのが普通です。でなければ誰もビジネスとしてお金を貸してくれることはないからです。

絶対にやってはいけない〝借金〟とは？

したがって、個人の生活において、お金というのはできるだけ借りないことが大切です。しかし、世の中には借金ということを感じさせないようにうまく誘導されている仕組みがあります。それが**「リボ払い」**です。後ほどお話ししますが、私はクレジットカードを使うこと自体は別に問題ないと思っています。ただ、リボ払いだけはやってはいけません。人間の心理を巧みに利用した罠が至る所に仕掛けられているからです。

まずネーミングが秀逸です。「リボルビング払い」という名称から、何やら支払い方法の1つみたいなイメージですが、**リボ払いは紛れもない借金です。**「借金」なら抵抗がありますが「ボーナス払い」とか「リボ払い」と言われると途端に抵抗感がなくなります。ところが、このリボ払い、金利は15~18%という今の超低金利時代には考えられないぐらいの高い金利を支払わなければなりません。

また、リボ払いの場合、あらかじめ決めた一定金額を返済しますので、**使い過ぎてもその実感がありません。**いつの間にか知らないうちに借金の額が増えていってしまうという恐ろしい事態になりがちなのです。言うまでもなく、お金を貸す方は、そうやってたくさん利用してたくさん金利を支払ってくれることが狙いですから、借金額が知らないうちに増えるリボ払いを勧めてくるのは当然です。かわいいキャラクターを使ったり、有名なタレントを使ったりしてイメージアップを図るのも、高い放映料を払ってテ

リボ払いはやってはいけない

リボ払いとは？

クレジットカードの利用金額・件数にかかわらず、
毎月決まった金額＋手数料（金利）を支払う方法

⇒月々の支払額は抑えられるが、
手数料（金利）が高額

リボ払いの注意点

❶ リボ払いは「支払い方法」ではない

⇒金利15〜18％の借金

❷ 支払っている実感がない

⇒知らないうちに借金額が膨れ上がっている

❸ ポイント特典に惑わされない

⇒ポイント以上に金利が高額

レビCMを流すのもみんな儲かるからです。

さらにリボ払いを利用するとクレジットカードで買い物した時のポイントが3倍とか5倍つきます、というキャンペーンもあります。この数字に惑わされてはいけません。普通、カードでの買い物の場合、つくポイントはせいぜい1%、仮にこれが5倍になったとしても、所詮5%です。一方、リボ払いの金利は15%もつくのですから**ポイントアップにつられて利用額を増やせば増やすほど損は大きくなってしまいます。**

お金を使わせてもらうことの意味をよく考えるべし

かつて、金利の高い頃には住宅ローンの金利が5%ぐらいの時期がありました。その頃に計算をしてみると仮に5%の金利で2000万円を35年間のローンで組んだ場合、返済総額は4200万円を超えます。なんと借りた金額以上の利息を支払うことになってしまいます。もちろん最近のような低金利ではそんなことはありませんが、それでも数百万円の金利を支払うことになります。

リボ払いに注意しよう

繰り返しになりますが、**「金利」は人のお金を使わせてもらうことに対する使用料です。**人生におけるお金の使い方の原理原則は人様のお金ではなく、自分で貯めたお金を使うことです。それでもお金を借りようというのであれば、それによって具体的に経済的なメリットがあるかどうかを考えてから実行すべきです。

でないと、**安易に借金するクセがついてしまいます。**そのことで大きな損をするだけではなく、生活が立ちいかなくなり、人生そのものが破たんするということにもなりかねません。くれぐれも借金体質にならないよう、注意することが大切です。

ケンジ&マユミからの疑問・質問

「金利は人のお金を使わせてもらう使用料？　言われてみればその通りですけど、なかなか気が付きませんね」

「話に出てきたリボ払いのように、最近はネーミングも巧みになってきているし、利息自体の金額も簡単に計算しづらいから、実際に自分がどれぐらい負担するのかがわからないんだよね。だから本来は、もしローンを利用したいということなら、金利が何％なのかというだけじゃ不十分だ。返済期間がどれぐらいで月々の返済額がどれぐらいか、そして一番大切なことは、**自分が一体トータルでどれぐらいの金額を支払うことになるのかをきちんと計算することだ**」

「でもローンを組む時にはあまりそういうことは教えてくれませんよね」

「いや、頼めばきちんと計算して教えてくれるはずだよ。もちろんある一定の条件の下での話だから、金利の条件に変更があったりすると変わってくる。でも逆に言えば、何か物を買う時にローンを組むとして、そのトータル返済金額を教えてくれないような会社からは買わない方が賢明だろう。でもやはり、業者云々と

いう前に借金をする必要があるのかどうか、きちんと考える方が先だろうね」

「なるほど。それはつまり……借金はなるべくしないほうがいい？」

「その通り。別な観点から見ると、**借金というのは時間を買うということ**だ。本来なら何か物を買いたいけど、今はお金がないという場合、お金を貯めてから買うべきだ。ところが、今すぐ買いたい、使いたいという気持ちがあるから『借りてでも』、ということになる。つまりローンを利用するというのは、貯めるのに必要な時間をお金で買っているのと同じことだ。だから経済合理性がない限り、時間をお金で買うというのは無駄な支出と言っていいだろうね」

「でもやっぱり欲しいものがあるとついついローンを使っちゃうし、生活がピンチの時はカードローンを使ったこともあるなぁ……」

「その気持ちはよくわかる。でも生活がピンチになるというのは、気が付かないところで結構無駄遣いをしていることも多いんじゃないかな。私が知っている

ファイナンシャル・プランナーの多くもそのことを指摘している。だから毎月の支出の中で無駄なものがないかどうかをチェックしてみることが大切なんだ。また、ついつい買っちゃうのはある程度しょうがないことだろう。要はそのためにローンを使うべきかどうかをよく考えることだ。よく言われることだけど、**『買いたい！』と思っても、しばらく時間を置けば冷静になれる。**それでも欲しい、という場合には、一度支払い総額を計算してみよう。そこまですれば、だいたいの場合にはお金を貯めてから買おうということになるだろうからね」

「それから、『リボ払い』。これ、気軽に使っていました……だって、とても便利だし、特典もつくし……」

「それはその通りだ。でも『便利』だからと言ってそれが『有利』というわけじゃない。普通、クレジットカードで買い物をしたら、多く使ってしまった翌月には高額の請求書が届いて驚く。『あ、こんなに使っちゃったんだ！　来月はちょっとセーブしなけりゃ』って思うよね。ところが**リボ払いの場合は、どんなに使っても支払いは定額だから心の痛みを感じることがない。だから気が付かないうち**

につい使ってしまう」

「リボ払いでは、返しても返しても借り入れ残高が減らないって言う人がいるという話を聞いたことがあります」

「返済で元本が減る以上のペースで借り入れをしていたら、減るどころか増える一方だ。気が付いたら毎月の返済額のうち、元本よりも金利の支払額の方が多かったなんてことになりかねない」

「そういえば、田舎の母がクレジットカードは持ったり使ったりしちゃいけないって言ってました……」

「使わない方が無難だというのはそうかもしれないね。ただクレジットカード自体が悪いというわけじゃない。問題はその使い方だ。間違った使い方をして損することのないように、次はクレジットカードについて、少し話をしてみようか」

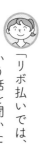

お金の原理原則⑰

クレジットカードとの賢い付き合い方

クレジットカードの本当の仕組み

クレジットカードは今や生活の中において普通に利用されています。一般社団法人日本クレジット協会によれば、2016年3月末時点での我が国におけるクレジットカードの発行枚数は2億6600万枚だそうです。20歳以上の人口は1億500万人ぐらいですから、計算してみると1人平均で2・5枚のカードを持っているということになります。若い人でもクレジットカードを持って利用している人は多いと思います。

確かにこのクレジットカード、便利なものではありますが、**使い方を間違ってしまうと、思わぬ損が生じることになりかねません。**クレジットカードというシステムの本質を理解することで正しい使い方について考えてみたいと思います。

クレジットカードについては昔からその是非については意見が分かれています。年輩の人の中には絶対にカードを持たないという人も少なからずいますが、一方では1人で何枚も、場合によっては何十枚もカードを持っているという人もいます。クレジットカードのよいところは、今手持ちの現金がなくても買い物ができるという便利さでしょう。

ただ、その反面、**買い物の時点でお金がなくなっていくという心の痛みを感じにくいために無駄遣いしてしまいがちになるという面は見逃せません。**その一方で、お釣りでもらったお金をいつの間にか紛失してしまったなんてこともありません。カードの利用明細を出納帳《すいとう》として利用することもできるので、むしろカードの方がちゃんとお金を管理しやすい、といった面もあります。

そこでまずはカードというものの本質を、ビジネスの構造から考えてみたいと思います。左の表をご覧ください。この表は、クレジットカードとそれに関係する主な関係者、「利用者」「お店」そして「カード会社」のメリットとデメリットを示したものです。

利用者側は手元に現金がなくても買い物ができますから便利ですし、大きなお金を持ち歩かなくてもよいというメリットがあります。その反面、カードの年会費がかかります。お店はカードが使えるおかげで売り上げが増える上に、代金はカード会社が支払ってくれますから代金の回収が確実ですが、その代わりカード会社に高い手数料を払わな

クレジットカードのメリット・デメリット

	メリット	デメリット
利用者	手元に現金がなくても買い物ができる	会費がかかる 支払い方法によって、金利がかかる
お店	売り上げが増える 代金の回収が確実	決済手数料をカード会社に支払う必要がある
カード会社	年会費が入る（利用者から） 手数料が入る（お店から） 金利が入る（利用者から）	信用リスクを負う

ければなりません。

そして最後はカード会社です。収入源は利用者からの年会費と加盟店からの手数料で、一見なにもしなくても収益が入ってくるように見えますが、利用者が代金を払えなくなった場合の信用リスクも負っています。最近は年会費を徴収しないカードも出てきていますので、全体に占める年会費の収入は下がってきているのかもしれません。**おそらくカード会社にとって非常に魅力があるのは、最後の「金利収入」でしょう。**

金利収入がカード会社の大きな収入源

利用者が分割払いをした時や、キャッシング等に伴う金利、そして前述したリボ払いの金利などがこれにあたります。こうしたものは言わばカード会社が買い物代金を利用者に貸し付けるという一種の金融取引です。

さて、ここでよく考えてみましょう。利用者にとってのデメリットである年会費はそれほど大きな金額ではないし、最近では無料のものもあります。したがって、**利用者が最大に注意すべきデメリットは借金による「金利の支払い」なのです。**なぜならこうした取引にかかる金利というのは非常に高いからです。たとえばリボ払いの金利は15％程度だとお話ししましたが、では一体なぜ、こんなに高いのでしょうか？

先ほど、カード会社のデメリットのところで「信用リスクを負う」というのがありました。こうした分割払いやリボ払いというのは言わば利用者にお金を貸すという金融取引ですから、**貸すほうは当然、貸したお金が返ってこない可能性＝「信用リスク」を負います。**これは、「はじめの章」でお話ししたお金の本質にも関わってきますが、信用というのは数値化することができます。つまり信用のある人なら金利は低くてもいいが、信用のない人にはお金を貸せないか、貸したとしても高い金利が要求されるということになるのです。通常、銀行等で融資を受ける時には金利は相対《あいたい》で決まるのが普通です。担保の有無やその価値、保証人の信用度等、あらゆる〝信用〟が数値化されて金利が決まります。

ところがリボ払いなどの場合、誰が利用しても利率は同じです。これはカード会社から見ると、一定の割合で返済できない人がいるため、その人たちへの貸し付けが焦げ付いた時でも損を被ることのないよう、その分も加味した金利に設定されているからです。だからこんなに金利が高いのです。言い換えれば、分割払いやリボ払いを利用している人というのは、**お金を返せなくなった人の返済元金の分も払わされているのと同じ**だと考えた方がいいでしょう。だとすればこんなアホらしい話はありません。一方でカード会社にとってはこんなにおいしい話もありません。なぜなら本来なら自分たちが負うべき信用リスクを利用者全体の金利に上乗せすることで、利用者に転嫁することができるからです。

さあ、これでカード会社がさかんにリボ払い等の宣伝を高い広告費をかけてやっている理由がわかったと思います。カード自体が悪いのではなく、使い方が悪いのです。分割払いやリボ払いはすべて借金なのだということを忘れてはいけません。

では、カードの正しい使い方は？

ここまで考えると、カードの正しい使い方が見えてきたかと思います。まずカードを利用するうえで絶対にやってはいけないことは借金をすることです。つまり**金利がかかるすべての取引をクレジットカードで行うのは止めるべきです。**これはリボ払いであれ、分割払いであれ、およそ金利のかかるものには関わらないのが賢明です。

次にポイント付与に惑わされないようにすることです。カードを利用するとポイントが付与されます。これ自体は別に悪いことではありませんが、人間の心理の中には**「選好の逆転」**という現象があります。これは本来判断すべき要素が別の要素によって歪められてしまうことを言います。この場合で言えば、「ポイント3倍」と言われるとつい余分なものまで買ってしまいがちになることです。でもポイントはあくまでもおまけです。ポイントに釣られて余計な買い物をしてしまうのでは、本末転倒と言ってよいでしょう。

大事なことはクレジットカードうんぬん以前に、**「買い物をする時に、それが必要かどうかを自分でしっかり判断すること」です。**本当に必要なものであればクレジットカードで購入するのは何の問題もありません。むしろ計画的な買い物であれば、年会費が無料のクレジットカードを使うメリットは大きいかもしれません。世の中にはクレジットカードのお得な利用法といった記事や本がたくさん出ていますが、そうした小ワザを使う以前にそもそもクレジットカードの本質を見誤らないようにすることが大切です。

ケンジ&マユミからの疑問・質問

「クレジットカード、その本質みたいなところはあまり考えたことがなかったです。211ページの表はわかりやすいですね」

「そうだね。クレジットカード自体はよくできた仕組みだと思うけど、とても多くの業者が参入してかなり競争が激しくなっているから、おそらくはどこも金利収入というのが馬鹿にできない利益の源泉になっていると思うよ。ということは利用する方もきちんと仕組みを知って使う必要があるということだね」

「カードの年会費無料というのはありがたいですけど、そういうカードを積極的に活用した方がいいのですか？」

「もちろん、年会費無料というのはメリットだと思う。ただ注意すべきなのは年会費ってせいぜい1000円か2000円ぐらいだよね。ゴールドカードとかもっと上のカードになると年会費が何万円というのもあるけど、普通のカードならせいぜいそんなものだ。だとすれば**年間1000円や2000円が無料になったからと言ってそれほど大きなメリットとは言えない**。むしろここでは各種割引のサービスとかポイント、利便性等も併せて考えたほうがいいね。

それと、そもそもの話だけど、カード会社から見てなぜ年会費を無料にしているかというと、顧客維持のためだ。つまり複数のカードを持っている人がカードを整理するにあたって、年会費のかからないカードは残してもらいやすくなるという思惑だろう。初年度の年会費が無料でも2年目以降、一度も使わないと年会費が引き落とされるという場合もある。常に意識して整理しておいたほうがいいだろうね」

「あと、クレジットカードとカードローンというのは同じではないのですね」

「似た機能はあるけど別のものだね。クレジットカードはカード会社が発行していて買い物がメインだし、普通に利用している限り、年会費はあっても後払いになる代金に金利はかからない。一方、カードローンというのは銀行や消費者金融の会社が発行しているもので、お金を借りるのが目的だ。
クレジットカードにもキャッシングという機能がついているが、これは短期の借り入れだね。どちらの方が金利が高いかはケースバイケースだが、僕は基本的に

はクレジットカードで普通に買い物をする以外にはどちらも使わないほうがいいと思う。だってマイナス金利と言われているこの時代で、金利が10%を超える借り入れを利用するなどというのは本当に損だからね」

「僕は、ポイント制度との正しい付き合い方ってあるのか知りたいです」

「実は、私自身はポイントカードというのはあまり持っていない。いつもレジで『ポイントカードはお持ちですか？』と聞かれることが多くて、いちいち答えるのは結構じゃまくさいけど（笑）。

でも、1つだけ言うなら、**ポイントはあくまでも「おまけ」だということを忘れないようにしたいね。**よくポイントは使わずに貯めておいてまとまった買い物の時に一気に使おうと思っている人がいるけど、それはあまり合理的じゃない」

「え、どうしてですか？」

「理由は2つある。まず、**ポイントはいくら貯めても金利がつかない。**だから本

来ならば付与されたポイントは次の買い物の時に全部使ってしまった方が得だ。次に**ポイントには有効期限があるケースが多い**。使わずに貯めているうちに失効してしまっては何もならないよね。だからやはり早く使ったほうがいいんだ」

「う〜ん、わからないでもないですけど、でもポイントが貯まっていくのって楽しみじゃないですか。そういうささやかな楽しみまでなくなっちゃうのはなぁ……」

「ハハハ、その気持ちはわかるよ。所詮、ポイントはおまけなんだから、金利がどうとか、失効したらもったいないとか、あまり気にする必要はないかもしれない。だからあくまでも自分の好きなように使えばいい。でも1つだけ注意しておきたいのは、さっき話をした『選好の逆転』だ。本来はおまけであるはずのポイントを貯めることが第一目的になってしまって、無駄な買い物をしないようには気を付けるべきだろうね」

お金の原理原則⑱

大きなお金を使う

――自動車や家は買うべきか?

道具派VS.嗜好品派

最近、若者が自動車を買わなくなったと言います。確かに私の若い頃には、自動車を持っていることが、女の子にモテるための必須条件みたいに考えられていましたから、社会人になって給料をもらい始めて、最初にする大きな買い物が自動車ということも珍しくありませんでした。

バブル期になると、入社数年目の独身貴族（この言葉も今や死語ですが）の若者がドイツの高級車であるＢＭＷやアウディを競って買ったりしたものです。もちろん当時すでにおじさんだった私は、国産１２００ccクラスの小型車に乗っていました（笑）。ところが最近はあまりそんな話は聞きませんし、**そもそも自動車自体を買いたいという若者が減っています。**この理由については、さまざまな評論やコラムで語られていますので、ここで重ねることはしませんが、「お金を有効に使う」という面から考えて、車を買うのがいいのかどうか、そしてもう１つの大きな買い物である家を買うことの是非についで考えてみたいと思います。

結論から言ってしまえば、車を買うかどうかは、必要性と個人の嗜好によります。自分の生活にとって欠かせないものであれば買う必要があるし、そうでなければどちらでもよい。よくFPの人たちが、自動車は持たないで必要な時だけレンタルやカーシェアリングをすればよいと言っていますが、それは地方の実態をまったくわかっていない人の言うこと。田舎に住む人にとって、車は生活必需品ですから持たないわけにはいきません。その場合、車は単なる道具です。道具である以上、コストパフォーマンスを考えるべきで、必然的に選択肢としては、軽自動車を持つのが最も合理的です。

「え、そんなの嫌だ、もっとカッコいい車が欲しい」という人。そういう人にとって車は道具ではなくて嗜好品ですから、高い安いという基準ではなく、自分の好みで買うべきです。これは価値観が異なるわけですから議論してもまったく意味はありません。「道具派」から見れば、「たかが自動車ごときになぜそんな何百万円もお金を注ぎ込まなきゃいけないんだ」ということになりますし、「嗜好品派」からすれば、「そんなショボい車買ってみっともない！」という論理になります。要は個人の考え方です。今でも車の好きな若者はいるし、車がないと生活していけない人も確実に存在するわけですから、「若者の車離れ」なんて考えてもしょうがないのです。

ちなみに東京都内に住んでいて、活動も都内がほとんど、それでいて自動車に興味がない、という人であれば、FPの言うように車を持たず、必要な時だけ、レンタルやカーシェアリングをするのが合理的でしょう。

持ち家派VS.賃貸派

次に家を買うということを考えてみましょう。**これも結論から言えば、その人の考え方次第です。**もう少し具体的に〝考え方次第〟というのはどういう意味かについて考えてみましょう。

まずは家を純粋な投資として考えるか住むための場所として考えるかという2通りの前提があります。**もし投資として考えるのであれば、それは物件次第です。**人口減少が進む時代においては、昔のようにどんな物件を買っても必ず値上がりするということはありえませんし、収益の面から考えても十分な利回りを確保できない物件も多いことでしょう。ところが、そういう時代でも値上がりしたり、高い利回りになる物件は必ずあります。したがって、その場合投資する対象をしっかりと見極める必要があります。自分に対象を見極める知識や能力がないのであれば、ＲＥＩＴ（不動産投資信託）を活用してもいいでしょう。

次に「住むための場所」として、家を買うのがいいか、借りて住むのがいいかという場合です。これは**経済的な面から考えれば買うよりも借りる方が合理的です。**前述のように今後人口の減少が進む日本において、２０１７年現在ですら空き家が８００万戸以上もあるということを考えた場合、仮に家を保有したとしても昔のように価値が上がる可能性は低いでしょう。その上に、「金利」のところでもお話ししたように住宅ローンを組んで家を買えば、トータルでの返済額はかなり大きく増えてしまいます。価値が下がる可能性の高いものに金利というコストを払ってお金を出すというのはあまり合理的な行為とは言えないからです。

では**持ち家よりも賃貸の方が絶対にいいかというと、必ずしもそういうわけではありません。**家を借りるという行為は消費です。今後供給がダブついて家賃が下落する可能性もありますが、住む場所によっては、逆に家賃が上昇する場合もあるでしょう。それにもし、インフレになった場合、家賃負担が大きくなるのに対して持ち家の場合は、ローンの負担が下がりますから、その場合は賃貸よりも持ち家の方が有利です。

それに何よりも「安心感」があります。賃貸の場合、借家人の権利は保護されているとはいうものの、最終的には大家さんの都合で住んでいるところを出ていかなければならなくなるかもしれません。また、歳をとってから新たに家を借りるというのは非常に困難が伴います。特にパートナーに先立たれたり、別れたりして1人暮らしのお年寄りの場合は一層困難です。貸す方にしても孤独死されたりしては困るということもありますから、なかなか貸してもらえないということは十分起こりうることです。

「住むための場所」という前提で考えた場合でも このように「純粋に経済合理性だけで考える」のか、それとも「人生を通じた安心感」を優先するのかによって判断は異なります。自動車の場合同様、家についても人によって判断は異なり、しかも**その判断は自分でやるしかないのだということを忘れないでください。**

ケンジ&マユミからの疑問・質問

「僕らの周りでもマイカーを持っている人はあまりいませんね」

「まあ、確かに昔のようにこれ見よがしに高価な車を持っている若い人は少なくなったような気がするけど、データで見る限り、全般的に車の国内販売台数が漸《ぜん》減《げん》している傾向はあるから、別に若い人に限った話じゃないだろうね。要するに**地方暮らしで車が生活必需品なら買う。そうでないなら、車が好きなら買えばよいし、興味がないなら別に買う必要はない。**基準はとてもシンプルなんだ」

「あと1つ聞きたかったのは、ディーラーの人はローンでの購入を勧めてくるそうですが、それは利用してもかまわないのですか？」

「生活上どうしてもということであれば利用するのもやむを得ないだろうけど、できればあまりローンは使わないほうがいいね。前にも言ったけど、借金というのは人のお金を使わせてもらう使用料だ。だとすれば使用料を払っても価値があるということでないと意味がない。生活に必要ならやむを得ないが、それでも他に定期預金とかがあれば、そちらを解約して車を買ったほうがいい」

「え、定期を解約してまで買うんですか？　でも中途解約したらもったいないんじゃないですか？」

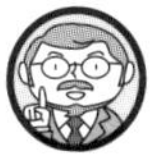

「今の定期預金の金利なんて、せいぜい0・01％ぐらいだろう？　仮に150万円の車を買うのにその金額の定期預金を解約しても、失う利息は150円ぐらいだ。でもその定期預金を置いたまま、自動車ローンを組んだとしたら、利息はだいたい2％ぐらいだから、3万円ぐらいの金利を払わなきゃいけない。**150円を失いたくないために3万円の利息を払うというのは明らかに不合理だ。**だから買いたいものがあるのなら、本当は計画的にお金を貯めてから買ったほうがいいんだ」

「家の場合は車とはちょっと違うように感じましたが……」

「そうだね。家、つまり不動産を投資として考えるか住む場所として考えるかで、

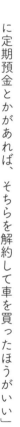

違ってくる。不動産に投資するにはかなりまとまったお金が必要になるし、株式や投信などの金融商品と違って、換金性に難がある。うまくいけば大きく儲かるけど、それなりによく調べたり研究しなければならない。だから初心者が投資として不動産を手掛けるのはちょっとハードルが高いと言える」

「じゃあ、家は投資というより『住む』前提で考えた方がいいんですか？」

「もちろん不動産投資をちゃんと勉強してやるのであれば、それはそれでよいと思う。でもそれはまた別のお話で、この場合に議論しているのは、『住む』場合に購入するのがいいか、借りるのがいいかということだよね」

「そうですね、でも雑誌やコラムを読んでいると『持ち家派』と『賃貸派』が両方いて、それぞれの言うことには一理あると思いますね」

「そうだね。どちらの意見も正しいんだよ。でも問題は、それを受け止める側、すなわち我々が、『自分にとって何を重視するのか』ということで持ち家を取得

すべきか、ずっと賃貸のままでいるのがいいかという判断が変わってくる。たとえば、先ほど言ったように経済的に有利なのはおそらく賃貸のままでいることだろう。でもその場合、突然何らかの理由で家を借りられなくなってしまうリスクもある。だとすれば、一番いいのは、**賃貸で住みながら、できるだけ金融資産を貯めて持っておくこと**だ。そうすれば無駄な金利を払うことなく資産形成をしながら、万一の場合は金融資産を崩して家を購入することを考えればいい」

「うーん……確かにそうなんだけど、でも私は持ち家も捨てがたいなぁ……」

「そうだね。もちろん自分の判断で決めるのが一番大切だ。ただ、ローンを使って住宅を買うということは、レバレッジを掛けて投資し、しかも自分の資産の大部分を不動産にしてしまうことだから、財産に大きな偏りが出てきてしまうので注意が必要だ。一方、先ほども言ったように、仮にローンを組んで住宅を購入したとしても、過大な金額の借り入れはせず定年ぐらいまでに返せるようなプランであれば、生涯自分の家に暮らせるという安心感を得られるだろう。やっぱり最終的には損得というよりも自分の人生観ということだろうね」

お金の原理原則⑲

「自分への投資」は役に立たない

資格は取っても食えない

若い頃は遊んでいないで「自分への投資」をしっかりやりなさい、とよく言われます。色々な資格を取ったり、高いお金を出して「自己啓発セミナー」に出かけたり、そういう類の本を読んでいる人は多いだろうと思います。

いきなりショッキングなことを言いますと、**それらはおそらく何の役にも立ちません。**驚かれるかもしれませんが、これは本当です。ではなぜそういうことをしてもあまり意味がないのか、お金の本質に絡めてその理由をお話ししましょう。

私はいつも資格というのは「足の裏についた米粒みたいなもの」だと言っています。そのココロは「取っても食えない」からです。医師や税理士などは、その資格を保有していないと業務を行えません。この場合は必ず資格を取らなければなりません。でも資格を取得したからと言ってそれで直ちに仕事として成り立つかと言えば、そういうわけでもありません。他にも社会保険労務士やファイナンシャル・プランニング技能士、中小企業診断士などのような資格は世の中にたくさんありますが、どれも取得しただけでは仕事にはならないのです。言わば**資格というのは、仕事の必要条件ではあったとしても十分条件というわけではありません。**

では何が必要なのか？　答えは明白です。顧客がいなければ仕事になりません。だとすれば**資格を取ること以上に重要なことは「営業」です。**自分で取得した資格を活用して業を為そうと思った場合は、何よりも顧客作りをすることが大切なのです。

自分で起業するところまでいかなくても何かの資格を取っていれば転職に有利と考える人もいるでしょう。でもこれも非常に甘い考えです。なぜならサラリーマンで前述のようなＦＰや診断士の資格を持っている人は世の中にたくさんいます。採用する側からしても資格が欲しいわけではなく、技能と知見が欲しいのです。実際に実務経験のない資格保有者というのはおそらくあまり役に立たないでしょう。仮に現在の仕事に直接役に立つような資格であれば、取得後も実務で技能を高めていくことはできますが、よくいるような何でも資格ばかり取っている資格マニアみたいな人は、**ほとんど実務で役に立つことはない**と思った方がいいでしょう。

自己啓発本やセミナーはなぜなくならないのか

資格と同じように自己啓発に努めている人も世の中にはたくさんいます。その証拠に自己啓発本というジャンルは実によく売れています。さらにもっとすごいものになると、自己啓発セミナーというものがあります。だいたいそういうセミナーというのは高額で、半年間で50万円とか100万円払ったり、一回のセミナーでも10万円を取ったりします。私はよく資産運用やライフプランのセミナーをやりますが、私の場合はせいぜい2〜3000円、どんなに高い場合でも1万円を超えることはありませんから、世の中の「自己啓発セミナー」の類がいかに高額のものかということに驚かされます。

私は前から素朴に疑問に思っていることがあるのですが、**なぜ次から次へと新しい自己啓発本や自己啓発セミナーが出てくるのでしょうか。**本当に役に立つものであれば決定版みたいな本やセミナーを読んだり受講したりすれば足りるはずです。考えてみるとこれはダイエット法やダイエット本と同じ構造なんですね。これが決定版みたいなものがあれば、それだけが売れるはずですが、相変わらずさまざまなダイエット法の本が続々と発売されています。

でもダイエットなんていうものは単純です。要はカロリーを計算してバランスよく栄養を取り、食べ過ぎないようにする。同時に運動を行って基礎代謝を上げるということを地道にやれば必ず成功します。ビジネスで成功することもシンプルです。自分自身で考え工夫したことを地道に血の滲むような努力を毎日続け、トライアンドエラーで修正しながら繰り返していけばやがて必ずうまく行くのです。

要するにダイエットもビジネスもしんどいことはやりたくなくて、楽をして身につけたいと思うから簡単ダイエットの本や自己啓発セミナーが大流行なのです。私はサラリーマン生活38年間のうち、25年間は毎日這いつくばって顧客のところを外交して回りました。そうすれば成果は必ず出るし、技術もアイデアも自然に出るようになります。はっきり言いますが、**自己啓発セミナーなんて何の役にも立ちません。**そういうもので信者を集めて儲けようとしている人たちを儲けさせるだけです。

ビジネスは理屈だけではありません。そんなセミナーに出たぐらいで上手くいくほど甘いものでもありません。ビジネスは自分で悩み、苦しみながら身につけていく以外に成功する方法なんてものはないということを知るべきです。

自分への投資よりも人への投資を

私は自分への投資なんてあまりする必要はないと思います。それよりも大切なのは**「人への投資」**です。人脈を作って信用を積み重ねていくことが何よりも大切です。なぜなら、**「信用＝お金」**だからです。自分のためにお金を使うことは控えても、人に使うお金を惜しんではいけないと思います。これは、おごったり、寄付したりするという意味だけではありません。何かその人の役に立つことをしてあげるということです。そ

人のためにお金を使おう

➡信用を積み重ねてお金に換える

れによって信頼でつながった人間関係ができます。これは何よりの財産です。

資格をいくら取っても顧客はできません。人とのつながりを通じて顧客というのはできていくものです。なぜなら何よりも大切なことは「信用」だからです。「人に投資する」、**人のために自分の労力とお金を使うことによって「信用」は着実に積みあがっていきます。**そしてその「信用」はいずれ何らかの形で必ずリターンを生み出します。つまらない自己啓発セミナーなんかにお金を出すぐらいなら、人とのつながりのためにお金を使って信用を築いていくことの方がよほど大切なことだと思います。

ケンジ&マユミからの疑問・質問

「今回のお話は強烈でした！　何だか頭をガーンと殴られたような気が……」

「そうだろうね。いろんな人が『自分に投資しなさい』って言ってるのに、『それをやっちゃいけない』って言ってるんだからね（笑）」

「確かに、資格は取っただけでは何の意味もないんでしょうね……」

「うん、これは若い人だけのことじゃない。僕みたいに定年を迎えた後に起業しようと思っている人はいるけど、その多くがこの罠に陥ってしまっている。高い**お金を出して資格を取ったのはいいけど、取った後に、それだけじゃ仕事が来ないっていうことにようやく気が付くんだ。**

資格ビジネスがこんなに流行っている理由は明らかだ。それは資格ビジネスが儲かるから。まず、①取得のための講座を開いて授業料が入ってくる。②受験料がある、③資格更新のための講座料が見込める、という3度美味しい思いができる。やはり資格ビジネスというのは美味しい商売なんだよ」

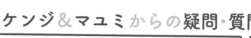

「そうは言っても、資格を取っておきたいという気持ちもわかります」

「別に資格を取るのが悪いというわけじゃない。問題は資格を取った後に仕事やビジネスをどう展開していくのか、顧客はいるのか、ビジネスモデルはあるのか、といったことをよく考えることが何よりも大切だ。あくまでも資格を取るというのはその流れの中の1つのプロセスに過ぎないのだから。また、転職の武器にしようと思っているのなら、資格だけじゃだめで、それを使った実務経験を積んでいるのかどうかが問題になる。だから転職を考えるのであれば、必然的に今の仕事に全然関係のない資格を取っても、あまり役には立たないだろうね」

「僕はあまり興味ないけど、僕の周りには自己啓発セミナーに通っている人も何人かいますね」

「人間というのは弱いからね。ちょっと仕事がうまくいかなくなったり、ほかの人が注目されたりすると、気持ちが焦ってくる。そんなところへ『このセミナーに出たら営業がうまくいく』とか『仕事が開けてくる』みたいなことを言われた

らそんな気になるのも無理はない。でも結局仕事というものは誰に頼ることもできないし、自分で悪戦苦闘しながら切り開いていくしかないんだ。そんなセミナーに出たからうまくいくほど甘いものじゃない。だからそういう自己啓発セミナーというのは、ある種の宗教みたいなものだと言ってもいいだろうね」

「宗教ですか！」

「そう、ただ普通の宗教と違うのは、1人の教祖様に入れあげている人もいる一方で、いろんな教祖様に通い詰めている人もいるということかな（笑）。でも、1つだけ効用はある。それはストレス解消だ」

「ストレス解消？」

「そう、まさにストレス解消。結局宗教みたいなものだとしたら、心の安らぎを得るという効果はある。気分転換に音楽を聴いたり好きなスポーツをやったりするのと同じように心を落ち着かせる一定の効果はあると思う。そうでなきゃあん

なにたくさんの人がセミナーに行ったり本を読んだりはしないだろう。ただ、その程度の効果のものに何十万円もお金をつぎ込むのは考えた方がいいだろうね」

「私は、自分への投資より『人への投資』というのが新鮮でした。でも、今イチよくわからなかったんですけど……」

「人への投資という言葉がわかりにくかったら、『**人のために何かすること**』を**自分のために何かすることより優先する**と理解すればいいんじゃないかな」

「うーん、でも正直、そんな余裕ないですよ」

「まずは余裕があるにせよないにせよ、とにかく自分にできることがあればやってあげるということが大切だと思う。人間というものはそれほど自分勝手な生き物というわけではない。そりゃ中にはそんな人もいるかもしれないけど、ほとんどの人は、自分に何かしてくれた人には好感を持つし、いつかお返しをしようという気になる。君だってそうだろう？」

「ええ、まぁそりゃそうですけど……」

「昔から『情けは人のためならず』って言うじゃないか。人に何かをしてあげるっていうことは、巡り巡って必ず自分のプラスになるっていうこと。もちろんすぐにその人から何かお返しがあるというわけではないけれど、長い人生の中では結局プラスマイナスはゼロになっている。だとすれば、**『人のために何かをしてあげること』というのは、言わば貯金みたいなものだ。**貯金はいつか下ろすことができる。逆に人に何かをしてもらうとか、何かをさせて見返りを渡さないのは言わばツケみたいなもの。ツケはいつかは払わされることになるんだ」

「何だか、それも精神論みたいな気がするんですけど」

「ハハハ、確かにそうだね、これはすまなかった。でもこれは**40年近くサラリーマンとして仕事をやってきて、その後に起業した私の経験から言えることなんだ。**私は部下を踏み台にして出世したような人もたくさん知っているけど、そんな人は必ず晩年は不遇になっている。きちんとツケを払わされているということ

だね。逆にビジネスでうまくいっている人は必ずといっていいほどたくさんの人から慕われているし、感謝されているね。それは貯金のたまものと言っていいと思うよ」

「先生にそう言われると、確かに納得できるかも。だから、自分への投資の前に人への投資を、ということですか」

「そうだね。**一番大切なことは自分が何をやりたいかということなんだ。**それが明確になっていなくて資格を取ったり自己啓発セミナーに出かけたりしても何の役にも立たない。自分がやりたいのはこれで、そのためには自分に何が不足しているのかをしっかりと認識した上でスキルを身につけるべきだと思う。
人への投資というのはまた別の話で、**自分が何をやるにせよ、人とのネットワークを作っておくことはとても大切なことだ。**そのためにはどれだけ自分を応援してくれるファンを作るかが大事なんだ。だからこそ、そのために自分ができることで何か人のために役に立つことであればしてあげておくことが大切ということだね」

お金の原理原則⑳

人のためにこそお金を使おう

幸せになるお金の使い方

前の項で、「自分への投資よりも人への投資」というお話をしましたが、今回はもう一歩進めて、「人のためにお金を使う」ということについて考えてみたいと思います。人間はとても利己的な動物だから、自分の利益が最大になるように合理的に行動するというのが経済学の大前提です。でもどうやら最近の研究においては、**必ずしも人間は合理的な行動ばかりをとるわけではないことがわかってきました。**でもこれは別に最近の研究でなくても昔からそうだったはずです。

たとえば東日本大震災の時など、多くの人が自分の仕事を休んでも無償でボランティア活動に駆けつけました。これは経済的には決して合理的なこととは言えません。しかしながら人間は利己的な面だけではなく、利他的な面、すなわち他の人に何かよいことをしてあげよう、という部分も持っていて、むしろ**利他的な行為をすることによって精神的には大きな満足を得られる**という傾向があります。

ハーバード大ビジネススクールのマイケル・ノートン博士とカナダ・ブリティッシュコロンビア大学の心理学者エリザベス・ダン博士が共同で執筆した『「幸せをお金で買う」5つの授業』(KADOKAWA)という本があります。この本の中にカナダで行われたある実験の話が出てきます。

複数の人に対する実験で、ある人には20ドルを渡して、「このお金でなんでも自分のために好きなことに使ってください」と言い、別な人には「このお金をなんでもいいから人のために使ってください」と伝えます。結果、人のために使った人の多くは友人や家族へのプレゼントに使いましたが、**自分のために使った人に比べると幸福感が高かったといいます。**

この実験結果について、「それは先進国の豊かな社会に生きているからそうなるのであって、貧困層の人たちはそんな余裕はないはずだ」と考える人もいるでしょう。ところがこの本では同じ実験をカナダとは対極にある貧しい国の1つであるアフリカのウガンダでもやっているのです。カナダと同じように複数の人に異なる使い方を指示したところ、ウガンダの人たちの場合でも、カナダのケースと同様、人のためにお金を使った人のほうが、幸福度は上がっていたのです。

すなわち、人のためにお金を使ったり、何かしてあげたりするというのは自己犠牲的な行為だと我々は考えがちですが、そうではなく、経済状況など関係なく、**利他的な行為が結局は自分の満足感を高めることになっている**ということなのです。

「金は天下の回りもの」の本当の意味

さらに言えば、人のためにお金を使うというのは精神的な満足度や幸福感が向上するだけではなく、**実際に巡り巡って自分のところに増えて戻ってくることが多いのです。**

はじめの章でもお話ししましたが、投資というのは一義的にはお金を必要とするところにお金を回す行為ですから、人のためにお金を使うことと言っていいでしょう。もちろん投資ですから、結果的に増えるかどうかは不確実ですが、長期にわたって投資を続けることで安定的な収益を得られる確率は高くなると思います。

同様に寄付をすることも実は投資と同様、世の中にお金を回す行為です。こちらは投資と違って金銭的な見返りはありませんが、感謝の気持ちが戻ってきますし、その行為自体で自分にとっての満足感が大きくなります。さらに金銭的な面から見ても、「寄付控除」という制度があるため、寄付したお金のかなりの部分は税金で還付されます。このように、**世の中にお金を回していくことによって、そのお金はいずれ成長して自分のところに戻ってくるかもしれないということを知っておくべきです。**まさに「金は天下の回りもの」なのです。

「借り」はいつか払わされる、「貸し」はいつか返ってくる

人におごってもらったり、ご馳走してもらったりしたら「ラッキー!」と思いますね。

でも人にご馳走してもらうことは、必ずしもラッキーとばかりは言えないのです。これが先輩とかからおごってもらったのであれば、ラッキーで済むかもしれません。先輩も後輩に対してカッコいいところを見せたいという気持ちがあるからです。

でも普通、**世の中で人からご馳走してもらうというのは、相手に何かの意図があると考えるべきでしょう。**それがビジネスの相手であれば、いわゆる「接待」ということになりますから、少なくとも商売上の利益を意識していることは間違いありません。また接待とまではいかなくても「コミュニケーションのため」と称して上司からおごってもらう場合、それは仕事に対する成果を自分に期待してのことだと考えるべきです。だとすれば人におごってもらうというのは何らかの「借り」を作ることに他なりません。

私は人生においては**できるだけ「借り」を作らず、「貸し」を作っておいたほうがよいと思っています。**「借り」はいつか返さなきゃいけないけど、「貸し」はいつか返してもらえるからです。この場合の「貸し」は特定の人だけを指すのではなく、世の中全体です。そしてそれは必ずしも金銭だけではありません。面倒なことや難しいことも含め、何か人のためにしてあげる、人のために動いてあげることも「貸し」を作ることになります。であれば別にそれほどお金のない若い時でも「貸し」を作ることはできます。

私は60歳になってから起業しましたが、サラリーマン時代も含めて何か人のためにしてあげたこと＝貸しが、巡り巡って自分のビジネスにプラスになったことをいやというほど経験しました。自分に対してはお金をケチっても人に対しては惜しまないというスタンスはとても大切なことだと思います。

ケンジ＆マユミからの疑問・質問

「さっきの話に続いて、価値観が揺さぶられました……特に、寄付と投資が同じというのも驚きでした。むしろ正反対じゃないかと思っていたので」

「そうだね、利益というものを金銭的な数字で捉えれば両者は明らかに違う。でも、利益を心の満足度という尺度で置き換えたら、まったく同じなんだよ。**どちらも今すぐにお金を必要としない人が、今必要としている人に回してあげる行為だからね。**その結果、返ってくるものが『お金』なのか『感謝の気持ち』なのかという違いはあるけれど、両方とも心の満足ということで言えば同じことだ」

「私が気になったのは、寄付をすれば寄付したお金の多くが税金で還付されるということでした。もう少し詳しく教えてほしいです」

「国や地方公共団体、認定NPO法人などに寄付した場合、税金を計算する元になる課税所得が少なくなったり、算出された税額から控除があって税金が戻ってきたりするという仕組みになっている。これが**寄付金控除**と言われているものだ。

仮に震災の被災地に1万円寄付したとしよう。そして寄付金控除で仮に7000

円が戻ってきたとするね。でも実際に被災地には君の出した1万円は届いているわけだ。戻ってくるのは国からのお金、すなわち税金ということになる。結局、君が寄付したうち、3000円は君自身が寄付したことになり、戻ってきた7000円というのは言わば**国に税金の使い道を指定したのと同じことになる**」

「なるほど！　そういう風に考えると理にかなっていますね」

「つまり、寄付とは**『税金の使い道を指示すること』と考えてもいい**。払った税金が何に使われているのかわからない状態より、断然いいとは思わないかい？」

「そうですね、ということはふるさと納税も同じ仕組みですか？」

「そう、その通り、よくわかったね。『ふるさと納税』は納税という名前が付いてはいるものの、実質的には寄付なんだよ。自分が応援したい地方自治体にお金を寄付することでその分、本来自分が払う税金を少なくするという仕組みだ。ただ、最近はふるさと納税でお礼に送られてくる特産品合戦みたいになっているところ

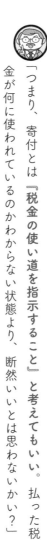

があって、本来の目的からやや逸脱しているのが気になるところだ。なんだかまるでネットショッピングみたいだからね」

「そうか、確か大きな災害の時に、返礼品なしのふるさと納税というのがあったような覚えがあります」

「そう、たぶんそういうのこそが本来のふるさと納税なのだろうと思うよ。時間に余裕のある人が被災地へ出かけていって労働で奉仕するのも素晴らしいことだけど、仕事が忙しくてそれだけの時間の余裕のない人なら、その地域の特産品を買ってあげるのも大きな支援になる。被災地へのふるさと納税も金銭的な支援だから大いに結構なことだし、特産品を買ってあげれば、それはさらに支援になる」

「あと、『借り』と『貸し』というのもちょっと考えさせられました」

「実はこの話は結構、深いテーマだと思う。お金の本質というのは信用だということはずっと話してきた通りだ。これは単に通貨というものが信用で成り立って

いるという意味だけじゃないんだ。お金の貸し借りについてもベースになるのは信用だ。すなわち借りたお金は遅滞なく返し、**他の人が必要としている時にはそこへお金を回してあげるということが、その人の信用の積み重ねにつながる。**世の中の多くの人はこのシンプルな原理を理解していない。でも一部の人はそのことをよく理解していて実践している。だからその一部の人たちのところにお金が集まる。誰だって自分のことを正しく理解してくれていない人のところには行きたくないよね。お金だって同じことさ」

「う〜ん、確かに深いなあ」

「昔からよく『損して得取れ』とか『金は天下の回りもの』ということを言うけど、それは、そういう『お金と信用の本質』を理解しているからこそ出てくる言葉なんだ。どこにも出したくない、手元に置いておきたいといってお金を縛り付けていると、決してお金は増えない。それに放っておいてもお金というのはなくなっていくものなのだから、その前にちゃんと世の中にお金を回していってたくさん『貸し』を作っておくことが、またお金が戻ってくる最大のコツだと思うね」

おわりに

さて、これにて「お金に関する20の原理原則」の講義は終了です。ケンジ君とマユミさんは最初に比べるときっと、お金の増やし方、使い方について自分の頭で考えられるようになったかと思います。読者のみなさんは、いかがだったでしょうか。

最後に、1つだけお伝えしておきたいことがあります。それは、**人生の目的はお金持ちになることではなく、幸せになること**だということです。つまり、お金をたくさん持つことはあくまでも幸せになるための手段であって、それ自体が目的ではないということです。お金がなくても幸せな人生を送っている人はいます。しかしながら、やはりお金があった方が、幸せな人生に一歩近づくことができるのも事実です。

そうした時に何よりも大切なことこそ、**お金の増やし方、使い方を自分の頭で考えること**です。私は本書で、「お金に関するノウハウや儲け方を人に聞いたり、本を読んだりしても、役に立たない」ということを何度も繰り返してきました。

すぐに役立つお金の知識も大切ですが、それ以上に大切なのは**常識のセンス**を持つことです。「無料相談」と聞いたら、「では彼らは一体何で儲けているのだろう？」と疑問を持つべきですし、金融機関のコマーシャルを見れば、「あれだけ宣伝費をかけて売り込んでいるということはよほど儲かる商品なんだな」と思うのが自然な感覚です。手っ取り早く儲ける魔法はこの世に存在しないのです。

本書ではそういう感覚をみなさんに身につけていただきたいと思って、さまざまな角度から「お金に関する20の原理原則」を語ってきました。ここで紹介したことがみなさんのこれからの人生において、お金について間違った判断をせずに済むためのヒントになれば、と願いつつ、筆を置きたいと思います。

最後に本書を上梓するにあたって、さまざまな方面からアドバイスをいただいたオフィスバトン「保険相談室」代表の後田亨氏、ファイナンシャル・プランナーの前野彩氏、そしてPHP研究所の宮脇崇広さんには心からお礼を申し上げます。また執筆をサポートしてくれた妻の加代にも感謝したいと思います。

確定拠出年金　推奨書籍（著者50音順）

■井戸美枝・中野晴啓（2017）『マンガでまる分かり！　知らないと後悔する「iDeCo」〜確定拠出年金〜』幻冬舎コミックス

■大江英樹（2016）『はじめての確定拠出年金投資』東洋経済新報社

■竹川美奈子（2016）『一番やさしい！　一番くわしい！　個人型確定拠出年金iDeCo（イデコ）活用入門』ダイヤモンド社

■田村正之（2016）『はじめての確定拠出年金』日経文庫

■山崎元（2017）『シンプルにわかる確定拠出年金』角川新書

装　丁　石間 淳
カバー・本文イラスト　浜畠かのう
本文デザイン・組版・図版作成　小林麻実（タイプフェイス）

〈著者略歴〉

大江英樹（おおえ・ひでき）

経済コラムニスト。オフィス・リベルタス代表。

大手証券会社に38年間勤め、そのうち25年間は個人の資産運用業務に従事。その後、確定拠出年金の草分けとして投資教育業務にかかわる。2012年、定年退職しオフィス・リベルタス設立。行動経済学、資産運用、企業年金、定年後の生活の知識を伝える活動を行っている。年間100回を超える講演やテレビ出演、雑誌や新聞などへの執筆活動では、その語り口とわかりやすさに定評があり、特にセミナーは多くのファンから大好評を得ている。CFP、日本証券アナリスト協会検定会員。

主な著書に『定年男子 定年女子』（共著、日経BP社）、『知らないと損する 経済とおかねの超基本1年生』『はじめての確定拠出年金投資』（ともに東洋経済新報社）、『投資の鉄人』（共著、日本経済新聞出版社）など。

お金の常識を知らないまま
社会人になってしまった人へ

2017年9月25日　第1版第1刷発行

著　者　大江英樹
発行者　後藤淳一
発行所　株式会社ＰＨＰ研究所

東京本部　〒135-8137　江東区豊洲5-6-52
ビジネス出版部　☎03-3520-9619（編集）
普及一部　☎03-3520-9630（販売）
京都本部　〒601-8411　京都市南区西九条北ノ内町11

PHP INTERFACE　http://www.php.co.jp/

組版・図表　有限会社タイプフェイス
印刷所　株式会社精興社
製本所　株式会社大進堂

ISBN978-4-569-83683-6